21天打造翘臀

纪凯莉◎著

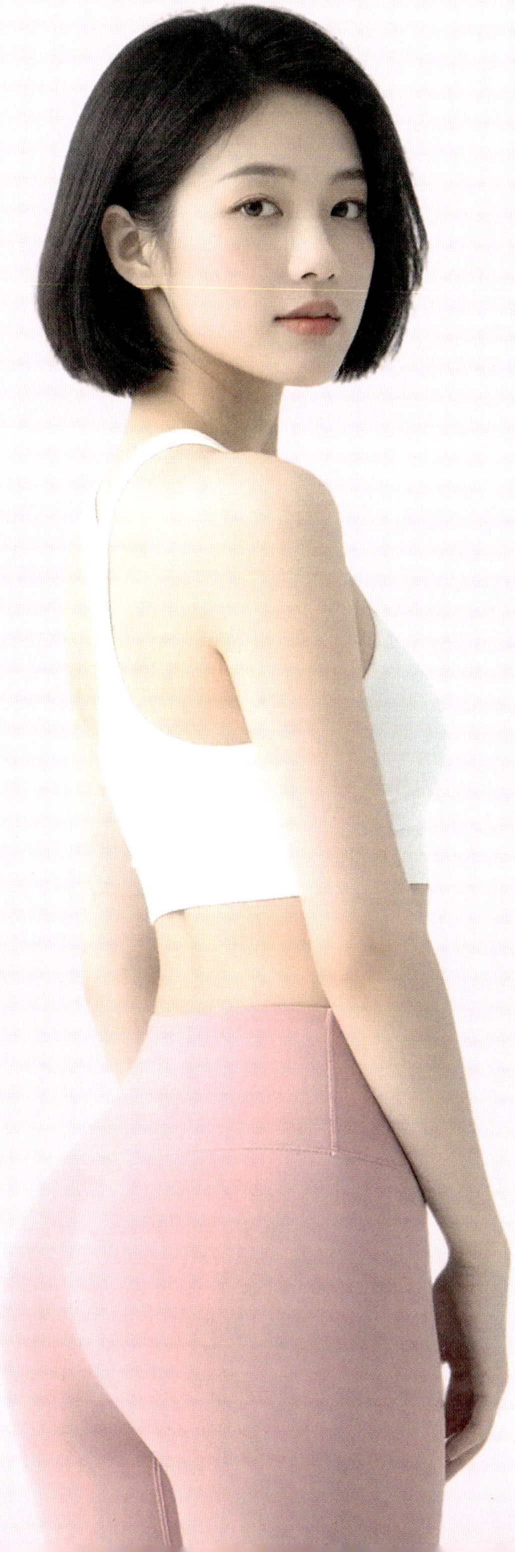

山东科学技术出版社
·济南·

图书在版编目（CIP）数据

21 天打造翘臀 / 纪凯莉著. -- 济南 : 山东科学技术出版社, 2025. 9. -- ISBN 978-7-5723-2794-0

Ⅰ. G883

中国国家版本馆 CIP 数据核字第 2025ZA7185 号

21 天打造翘臀

21 TIAN DAZAO QIAOTUN

责任编辑：张丽炜　姜　伟
装帧设计：孙小杰

主管单位：山东出版传媒股份有限公司
出 版 者：山东科学技术出版社
地址：济南市市中区舜耕路 517 号
邮编：250003　电话：（0531）82098088
网址：www.lkj.com.cn
电子邮件：sdkj@sdcbcm.com
发 行 者：山东科学技术出版社
地址：济南市市中区舜耕路 517 号
邮编：250003　电话：（0531）82098067
印 刷 者：济南新先锋彩印有限公司
地址：济南市工业北路 188-6 号
邮编：250101　电话：（0531）88615699

规格： 16 开（170 mm × 240 mm）
印张： 6.5　**字数：** 119 千　**印数：** 5000
版次： 2025 年 9 月第 1 版　**印次：** 2025 年 9 月第 1 次印刷
定价： 59.90 元

‖ 序 ‖

以身为舟，以心为桨

——穿越浮躁的健心之道

三十载光阴，弹指一挥。从上海弄堂里握着粉笔的物理教师，到竞技场上的健美运动员，再到国际赛场的裁判席，最终成为中国健身健美国家队教练团队的一员，并幸运地被大家亲切地唤作“纪妈”，这条蜿蜒曲折却始终向上的路，我走了很久。它始于对力量与线条的好奇，成于近乎“疯狂”的执着热爱，最终，沉淀为一份关乎心灵与专注的深切体悟——“训练用脑，效果更好”。这不仅仅是我自媒体上的口号，更是我用半生实践烙印出的生命箴言。

感恩这个时代，它让知识插上轻盈的翅膀，得以迅速传播，惠及万千热爱健身的灵魂。作为“纪妈”，我见证了知识的力量，也深感其价值。然而，当指尖在屏幕上飞速滑动，当碎片化的信息裹挟着我们的注意力，当“专注”本身成为一种稀缺的奢侈品时，我心中那份沉淀已久的责任感，愈发清晰、愈发沉重。孩子们明亮的眼眸，正被过快的节奏和短视频所吸引，但只是浮光掠影。那份捧起书本、沉浸其中的宁静，那份对热爱之事全情投入的初心，似乎正在悄然淡去。

我无法阻挡时代的浪潮，但我愿尽己所能，成为一块小小的礁石，为迷航的心灵提供片刻的停泊。于是，我选择在耳顺之年，以“作者”的身份，提笔写下这本书。这不仅是对过往三十年健美生涯的一次回望与总结——从爱好者、运动员、裁判到教练，始终坚守教学、带训、执裁的第一线；更是一次对灵魂深处的叩问。它承载着三重感恩：

一感岁月，赐我执着。感谢这份近乎“疯狂”的热爱，支撑我穿越数十载风雨，无论身份如何转换，从未离开这力与美交织的殿堂。二感平台，助我成长。深深感谢中国健美协会这片沃土，让我得以扎根、成长、成熟，被更多人认识。它向我揭示了健美运动那超越肌肉的深邃魅力，引领我触摸世界前沿的脉搏，更让我彻悟：健美训练，绝非蛮力之功，实乃“脑力”之先导，是解剖学、功能学、力线原理融会贯通的科学艺术。正如《道德经》所言：“合抱之木，生于毫末；九层之台，起于累土。”每一块肌肉的精雕细琢，都源于对科学原理毫厘不差的累积认知。三感同行者，促我精进。感谢身边那群志同道合的伙伴、孜孜以求的学生，以及所有爱我、助我，甚至曾诋毁我、背叛我的人。是你们，共同构成了我生命交响曲中不可或缺的音符。“知识不是填满桶，而是点燃火。”你们的存在，无论是支持还是磨砺，都是我心中那团不灭之火的薪柴，是我在花甲之年仍能保持学习、不断精进、拒绝被时代洪流淘汰的根本动力。你们让我更深切地理解，教书育人的初心，在于点燃心灵的火种。

这本书，便是我用三十年汗水与智慧点燃的一簇星火。它不仅是训练经验的结晶，更是我在理论认知上的一次全新飞跃。我深刻地意识到：健身训练，远不止是体力的付出。它是一场从“脑力”规划开始，经历“心力”淬炼（专注、坚持、克服惰性与诱惑），最终抵达“体力”呈现的完整旅程。它是身体的雕塑，更是心灵的修行。道家讲“形神合一”“性命双修”，健美之道，何尝不是如此？专注力，便是这修心炼性的核心枢纽。唯有心无旁骛，精神内守，方能在每一次重复中感知肌肉的细微召唤，在每一次突破中体悟意志的磅礴力量。

当下世界喧嚣，信息如潮水般汹涌。意大利诗人但丁在《神曲》开篇便感叹：“在人生的中途，我发现自己身处幽暗的森林，因为正确的道路早已晦暗不明。”此刻，许多年轻的心灵，或许也正迷失在信息的“幽暗森林”里，难以找到专注与热爱的清晰路径。我写此书，便是希望它能成为一根微小的火把，或是一声悠远的呼唤，引导孩子们及所有渴望专注的灵魂，重新发现阅读的力量，感受那种沉浸其中、与伟大思想对话的深度愉悦；重新回到内心的宁静港湾，那里蕴藏着不受外界纷扰的定力；重新唤醒那个专注热爱、纯粹如初的灵魂，那是创造一切奇迹的源泉。

《大学》有云：“知止而后有定，定而后能静，静而后能安，安而后能虑，虑而后能得。”专注，是“定”与“静”的基石，是“虑”与“得”的前提。无论是捧读一本书，还是完成一组训练，唯有全神贯注，方能抵达深处，收获真知与蜕变。

这本书，是我系列丛书的开端，是我用文字铺设的“健心”之路的第一步。未来，我将继续笔耕不辍，力求从更专业、更科学的角度，分享我对健身的毕生所学所悟，为我的健身生涯，书写那饱含热忱与智慧的“最后一页”。

愿这本书，能帮助你在钢筋水泥的丛林中，找回一片心灵的绿地；在信息碎片的洪流里，锚定一方专注的磐石；在追求健康与力量的道路上，不仅强壮体魄，更能澄澈心灵，点燃那份持久而专注的热爱。

训练用脑，效果更好；修心以专，其道大光。

于上海

2025 年夏

纪妈冠军团

柏堂静

现役中国健美国家队教练，国家级裁判，国家级运动健将

IFBB亚洲健身健美锦标赛健身小姐冠军，全国比基尼冠军，健康小姐冠军

田悦岑

第五十届、五十一届亚洲健身锦标赛健身比基尼冠军暨全场冠军

张梦銮（Linda）

2017年亚洲健身健美锦标赛女子形体冠军

莱美中国BODY COMBAT培训师，Adidas签约培训师

姜　磊

2023年健身健美世锦赛90公斤级第四名

2023年全国健美锦标赛传统健美全场冠军

潘帅

2025年亚洲健身健美锦标赛健康小姐公开组冠军

武健（司令）

2025年亚洲健身健美锦标赛女子形体冠军

刘　洪（小细菌）

2021年全国健身锦标赛女子比基尼A组亚军

冷金花（冷冷）

2022年成都世界锦标赛选拔赛健康小姐B组冠军

林晓霆

男子健体C组全国冠军，古典健美175cm全国冠军

高元鹏（小黑）

全国古典健美冠军

储昀

2019年全国健身健美公开赛（云南站）（山东站）（天津站）（上海站）（河南站）古典健美171—175组冠军

刘芝

臀部训练前后对比图

目 录

第一章

臀部骨骼结构

髋骨

髋骨是人类骨骼系统中一个复杂而重要的组成部分，由三块主要骨骼构成：髂骨、耻骨和坐骨。它们共同形成了一种特殊的骨盆结构，不仅为身体提供支撑维持平衡，还承担着支撑体重和促进运动的重要功能。髋骨的发育与健康直接影响着一个人的运动能力和生活质量，这使得对髋骨的理解显得尤为重要。

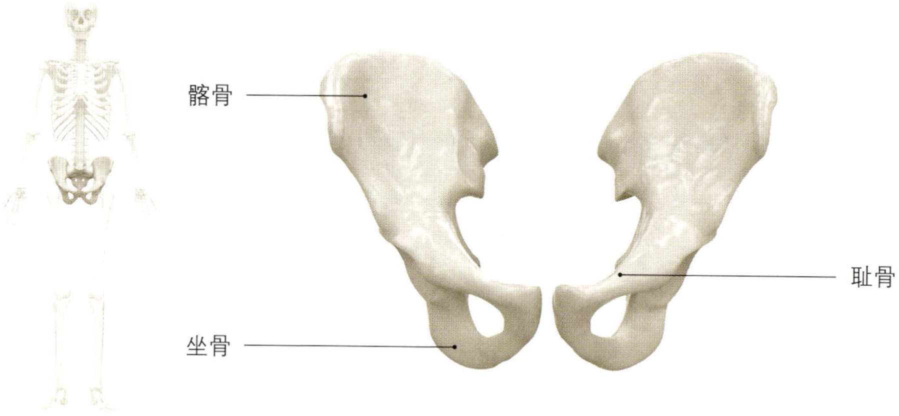

髋骨

髂骨，作为髋骨的一部分，位于骨盆的上部，是连接脊柱和下肢的桥梁。髂骨的结构宽大且坚固，能够有效地分散人体上半身的重量，防止下肢在承重时受伤。同时，髂骨的形态与位置为各种肌肉和韧带提供了附着点，使其在运动过程中起到重要的作用。

耻骨则位于髋骨的前方，形成了骨盆的最前部。耻骨的主要功能是提供腹部和下肢之间的支撑，维持身体的稳定。这一部分的骨骼相对较小，但却是女性生育时的重要结构之一，它们的形态在妊娠期中可能会发生变化，以适应胎儿的需求。

坐骨位于髋骨的后下方，是承重和坐着时重要的支撑点。坐骨的形状和大小对人的站立和行走有直接的影响，尤其是在坐着时，坐骨的支撑能够让人体保持稳定的坐姿。

理解髋骨的功能和结构对我们进行身

体锻炼与保健至关重要。科学的锻炼可以增强周围肌肉的力量，为髋关节提供更好的支持与保护，同时改善下肢的柔韧性与协调性。在日常生活中，保持适当的运动习惯、关注髋关节的保护，能够有效预防关节疾病的发生，确保骨骼的健康与功能。总之，髋骨不仅是骨骼的一个重要组成部分，更是保证我们日常运动与生活质量的重要基础。

（一）少儿髋骨

在儿童的生长发育过程中，髋骨的发育起着至关重要的作用。通常在 16 周岁之前，儿童的髋骨结构尚未完全发育，因此我们称其为少儿髋骨。少儿时期髂骨、耻骨和坐骨的拼接处发育并不完全，留有缝隙，由软骨组织连接。这种结构的存在使得儿童的髋关节更加灵活，但同时也使其更加脆弱，容易受到损伤。

在这个关键的发育阶段，儿童的髋关节应受到特别的保护。由于未发育完成，髋关节对大幅度的运动和强烈的冲击非常敏感。特别是在进行大幅度的骨盆前倾、后倾或侧倾等动作时，髋骨接合处存在错位的风险，任何剧烈运动或事故都可能导致软骨受损、错位或其他潜在的损伤。因此，家长和教育工作者需要高度重视儿童

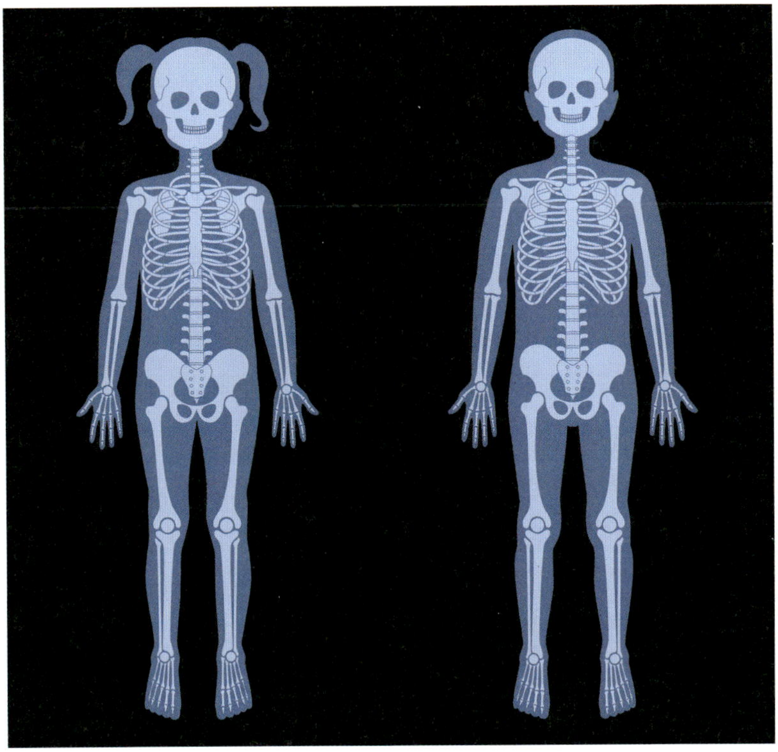

的运动安全。

从生理学的角度来看，儿童的骨骼会随着时间的推移逐渐硬化与连接，特别是在青春期前后，生长速度通常会加快，骨骼强度也逐渐提升。在这个过程中，儿童的关节与骨骼在神经系统的控制下进行动态的调节，适应着身体快速生长带来的变化。尽管骨骼会随着青春期的到来而逐步变得坚固，但在此之前，骨骼仍然脆弱，必须引起家长的高度关注。

在鼓励儿童参与体育活动时，尤其是在学校的体育课程中，我们建议制定合理的活动方案，避免过度激烈的运动，比如高强度的足球、篮球及其他舞蹈或体操活动。这是因为在剧烈运动中，儿童的髋关节承受的压力会显著增加，极有可能导致关节损伤或关节疾病。比如，某些训练项目的跳跃或翻转动作，如果没有足够的力量和技术支撑，极易为儿童带来意想不到的伤害。

当然，适当的运动仍然是促进儿童健康成长的重要因素。通过有针对性的运动，儿童可以增强骨骼与肌肉的力量，促进骨骼的健康发育。在此过程中，家长应选择一些低冲击且能够强化骨骼的运动项目，如游泳、骑自行车、慢跑、散步及轻型游戏等，避免高危险性活动。儿童的运动既要保证其安全性，也要关注到身体的均衡发展，应多方面提升儿童的运动能力。

为了提升儿童的运动安全意识，家长和教练应共同对儿童进行相关的安全教育，让他们懂得如何保护自己，怎样有效避免跌倒、扭伤等意外情况。这也包括让孩子了解正确的运动姿势和身体的界限，避免在身体未做适当热身和准备时，贸然进行大幅度的动作。正确的运动方式不仅能保证儿童的安全，还有助于孩子们身体灵活性和协调性的提升。

在儿童的成长过程中，定期的医疗检查也是非常重要的。通过定期的骨骼健康

检查，能及时发现可能存在的骨骼发育异常或疾病，确保儿童健康成长。同时，将医生的建议与家庭运动计划结合起来，调整运动量与强度，以符合儿童成长的实际需求。

少儿髋骨的健康发展对每个儿童来说都是极其重要的。家长、教师和医疗工作者应当加强对儿童髋骨保护的重视，从日常生活的小事做起，培养儿童安全、科学的运动习惯，为他们的健康成长做好坚实的保障。通过强化对髋骨及其周边结构的保护意识，能够有效减少运动损伤，促进儿童的健康成长，助力他们在日后的人生道路上，迈出更加自信、健康的步伐。

（二）男性与女性髋骨的差异

随着年龄的增长，男性和女性在髋骨结构上展现出显著的生理差异。这种差异的产生不仅与个体的生理特征有关，还与进化过程中的生殖需求密切相关，甚至在现代运动科学和医学领域中也具有重要意义。了解这些差异，有助于我们更好地认识人体结构与功能，同时为实际应用提供指导。

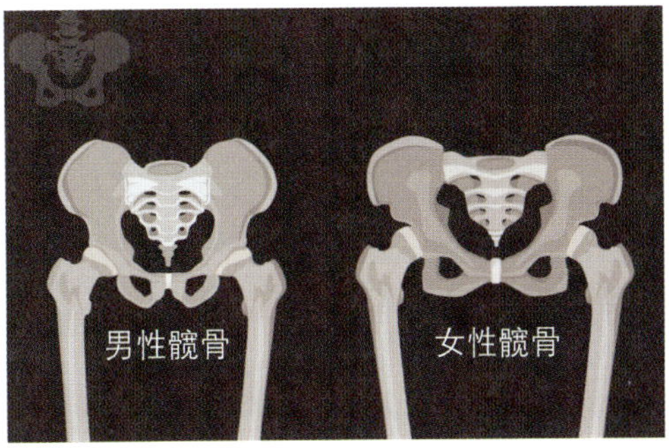

男性髋骨与女性髋骨对比图

1. 髋骨结构的生理差异

男性的髋骨通常呈现出向后生长的特性，而女性的髋骨则以向侧后生长为主。这一生长方式使得成年的女性髋骨比男性的髋骨更大、更宽。具体来说，女性的髋骨在耻骨、坐骨等部位的横截面上相对较宽，髋关节的角度也相对较大。这一结构使得女性能够在怀孕和分娩过程中为胎儿的顺利通过提供足够的空间，从而更好地适应生育的需求。

男性的髋骨则多表现为更深的凹陷，更加笔直的形态。这样的结构有助于提供更强的支撑力和杠杆力，适合于快速移动以及进行力量型运动。这使得男性在体育竞技与其他体力活动中，普遍展现出更高的力量与速度。

2. 生育与功能的进化驱动

在远古时期，人类的存在与繁衍密不可分，女性的宽大髋骨为成功分娩提供了生理基础。随着人类进化，女性需要承载各种生育相关的角色，因此髋骨在生殖中的重要性日益凸显。在这一过程中，宽大、直立的髋骨不仅有利于胎儿的生长发育，同时也为分娩时的顺畅提供了生理条件。

而男性在进化过程中逐渐被选中需要具备更强的体力与速度，以便在狩猎与保护中发挥作用，因此，他们的髋骨也随之适应这方面的需求。形成了一个典型的性别二态性特征：一方面是女性的髋骨为了生育而更为宽大；另一方面是男性的髋骨则为了体力活动而更为坚固。

3. 对运动与健康的影响

这种性别差异在运动科学和医学领域中产生了深远的影响。在进行运动训练或康复治疗时，专业人士必须考虑男女在髋骨结构上的不同，以制定更具针对性和个性化的运动方案。例如，女性在参加高强度运动时更需要关注其髋关节的稳定性，以抵御由于髋骨结构所带来的潜在伤害，如髋关节脱位、韧带损伤等问题。而男性则相对较少需要关注这一点，但在某些力量训练中，也需要针对髋关节的保护进行合理安排。

在运动训练方面，女性运动员在进行切变动作、快速转向、跳跃等需要急速变换方向的运动时，往往会面临更高的受伤风险。因此，许多专业的运动团队已经开始为女性运动员设计专门的训练项目，以增强其髋部及下肢的力量和稳定性，以降低受伤风险，提高运动表现。

此外，不同性别在生理结构上的差异还影响到运动表现的感知。例如，研究发现女性的髋骨使其在长时间低强度的有氧运动中更具耐受性，而男性在短时间强度较大的力量型运动中表现更为出色。这种差异使得在制定运动训练计划时，必须据此进行合理分配，以优化男女运动员的表现。

4. 女性健康与髋骨的相关性

女性的髋骨结构与健康问题也有着直接的联系，特别是在更年期后，由于雌激素水平的下降，女性骨密度普遍下降，从而增加了骨质疏松的风险。在这一过程中，了解髋骨的解剖结构和生理差异有助于女性在日常生活中采取预防措施，降低骨折和其他相关疾病的发生。

例如，医生可能会建议进入更年期的女性进行定期的锻炼，包括负重训练，以增强骨密度并保持髋关节的灵活性和稳定性。此外，良好的饮食习惯同样重要，确保充足的钙和维生素 D 摄入，可以进一步帮助维持健康的骨骼状况。通过这些措施，女性可以有效降低髋骨结构变化导致的健康风险。

5. 文化与社会因素

除生理和生物学因素外，男性和女性在运动参与度及运动项目选择上的不同，也受到社会文化的影响。传统观念常常将力量与速度与男性运动联系在一起，而女性则更容易被看作是柔性运动或耐力运动的参与者。这种文化偏见在一定程度上加大了运动领域性别差异的固化，使得女性在某些高强度运动项目中受到限制。

然而，随着现代社会的进步和性别平等观念的增强，越来越多的女性开始尝试

力量训练、极限运动等原本“男性主导”的运动项目。为了追求个人的运动目标与健康，女性在运动场上的表现和参与率都有了显著提高。而这一变化也促进了对女性运动员能力的重新认识与评价，使得运动科学界愈发关注性别对运动表现与训练方法的影响。

男性与女性在髋骨结构上的差异是多方面因素共同作用的结果，它不仅影响着个体的生理特征，也在运动科学和医学领域中占有重要位置。随着对男女骨骼差异研究的深入及专业人士对运动医学、康复训练等科学理解的提升，男性和女性能够在各自擅长的领域中获取更好的成果。

了解这些差异不仅能够帮助人们更有效地进行体育锻炼，提高运动表现，也使我们在日常生活中能够更加关心与重视髋关节健康。如果我们能够在生活及运动中进行合理安排，男女可以在运动、健康以及骨骼保护等方面达到更佳的平衡，这将为我们的未来带来更多的健康与活力。

（三）髋骨的骨性标志

髋骨作为人体骨盆的重要组成部分，承载着支撑体重、保护内脏及参与下肢运动等多重功能。其复杂的骨性结构通过一系列显著的标志得以体现，这些标志不仅有助于我们深入理解髋骨的结构特点，还是进行生物力学分析、临床诊断及外科手术操作的重要参考。以下将详细阐述髋骨的主要骨性标志，包括髂前上棘、髂前下棘、髂骨翼、髂骨体、坐骨、耻骨以及臀前线、臀后线和臀下线等，以进一步揭示髋骨的结构与功能奥秘。

1.髂骨

髂前上棘与髂前下棘

髂前上棘和髂前下棘是髋骨前部最为显著的骨性标志，它们在解剖学和临床上具有极高的辨识度。

髂前上棘：位于髋骨前外侧，是髂嵴向前下方突出的最高点。这一结构不仅是一个易于触及的体表标志，常用于定位、

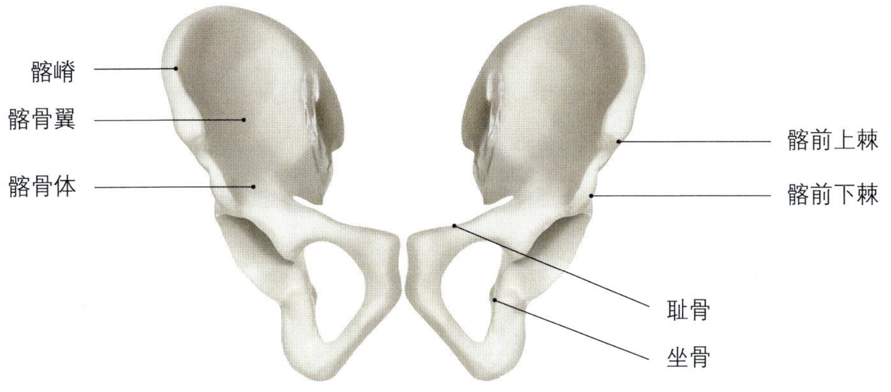

髋骨正面图

测量和体表标志识别，还是多块重要肌肉的附着点，如缝匠肌、阔筋膜张肌等。这些肌肉在髋关节的屈曲、外展和内旋等动作中发挥着关键作用。因此，髂前上棘的健康状态直接影响到髋关节的稳定性和运动功能。

髂前下棘：相较于髂前上棘，髂前下棘位于其下方，位置相对隐蔽，但同样是肌肉附着的重要部位。这里主要附着有股直肌等肌肉，这些肌肉在髋关节的伸直动作中起主要作用。髂前下棘的损伤或病变可能导致髋关节伸直受限，影响行走和站立等日常活动。

髂骨翼与髂骨体

髂骨作为髋骨的主要组成部分，其结构复杂，可分为髂骨翼和髂骨体两部分。

髂骨翼：髂骨翼是髂骨向外侧扩展的部分，形状扁平而宽阔，如同一个巨大的扇形结构。这一结构的扩展形状不仅增加了骨盆的稳定性，还有助于分散体重，减少运动对髋关节的冲击。髂骨翼上分布着多块肌肉附着点，包括臀大肌、臀中肌、臀小肌等，这些肌肉在维持骨盆稳定和进行髋关节的外展、内旋等动作中发挥着重要作用。此外，髂骨翼上还存在多个血管和神经通道，为骨盆区域提供血液供应和神经支配。

髂骨体：髂骨体是髂骨向内侧延伸的部分，与耻骨和坐骨相连，共同构成髋臼，为股骨头提供关节窝。髂骨体的结构坚固，能够承受较大的压力，是支撑体重和保护内脏器官的重要结构。在骨盆骨折等创伤情况下，髂骨体往往是受损的主要部位之一。

2.坐骨与耻骨

坐骨和耻骨是髋骨另外两个重要的组成部分，它们在结构和功能上各具特点。

坐骨

坐骨是髋骨中最大的部分，位于骨盆的后下方，形状细长而弯曲。坐骨的主要功能是承载身体的重量，特别是在坐姿时，坐骨是支撑身体的主要结构。此外，坐骨还是多块重要肌肉的附着点，如臀大肌、半腱肌、半膜肌等，这些肌肉在髋关节的伸展、内收和内、外旋等动作中起到关键作用。坐骨神经损伤是临床上常见的疾病之一，可导致下肢运动障碍和感觉异常。

耻骨

耻骨位于骨盆的前下方，形状扁平而宽阔，与髂骨体和坐骨相连，共同构成骨盆的前部。耻骨的主要功能是保护内脏器官，特别是膀胱和生殖器官。同时，耻骨还为下肢运动提供支撑，参与构成髋臼的前下部。在妊娠期间，由于激素水平的变化和胎儿的生长发育，耻骨联合处会发生一定程度的松弛和分离，以适应分娩的需要。然而，这种变化也可能导致耻骨联合分离等疾病的发生。

3.臀前线、臀后线和臀下线

臀前线、臀后线和臀下线是髋骨表面的重要解剖标记，它们不仅为肌肉的附着提供了重要位置，还有助于我们理解髋关节的运动及其相关肌肉的功能。

臀前线

臀前线位于髋骨外侧，是臀中肌和臀小肌等肌肉的前缘。这一线条的走向与髋关节的外展动作密切相关，当髋关节进行外展时，臀中肌和臀小肌会收缩并沿着臀前线方向拉动骨盆和股骨。因此，臀前线的位置和形态对于评估髋关节外展功能和肌肉力量具有重要意义。

臀后线

臀后线位于髋骨后侧，是臀大肌等肌肉的后缘。臀大肌是髋关节伸展的主要肌肉之一，其收缩时可使骨盆后倾和股骨后伸。臀后线的位置和形态对于评估髋关节伸展功能和臀大肌的力量具有参考价值。同时，在进行臀部整形手术或臀部肌肉注射时，臀后线也是重要的定位标志之一。

臀下线

臀下线位于髋骨下方。这一线条的走向与髋关节的内收和外旋动作有关，当髋关节进行这些动作时，臀部的相关肌肉会沿着臀下线方向发生收缩和舒张。因此，臀下线的位置和形态对于评估髋关节内收和外旋功能以及相应肌肉的力量也具有重要意义。

（四）骨性标志对于肌肉训练的意义

骨性标志在肌肉训练时有着重要的指导意义。每个骨性标志都附着着肌肉，也是肌肉的起止点位置。肌肉运动功能的产生就是源自肌肉的起止点，也就是说因为肌肉长在这里所以它具有这些运动功能。每个肌肉训练动作的设计都源自肌肉的生长位置以及它的运动功能，在此基础上做抗阻训练。了解了肌肉的骨性标志有助于学会科学的肌肉训练而不盲从地跟别人学动作。

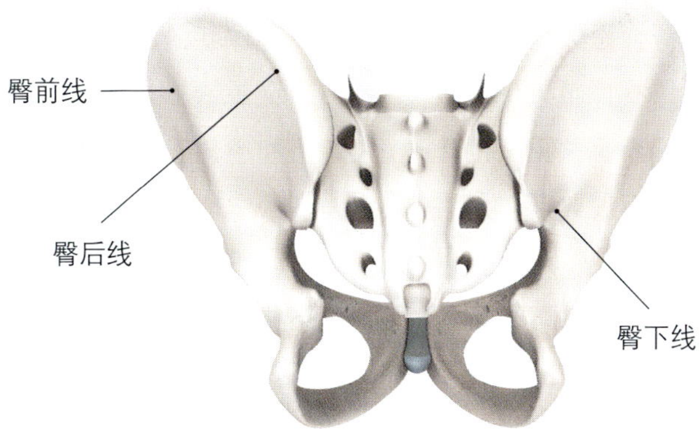

髋骨背面图

股骨

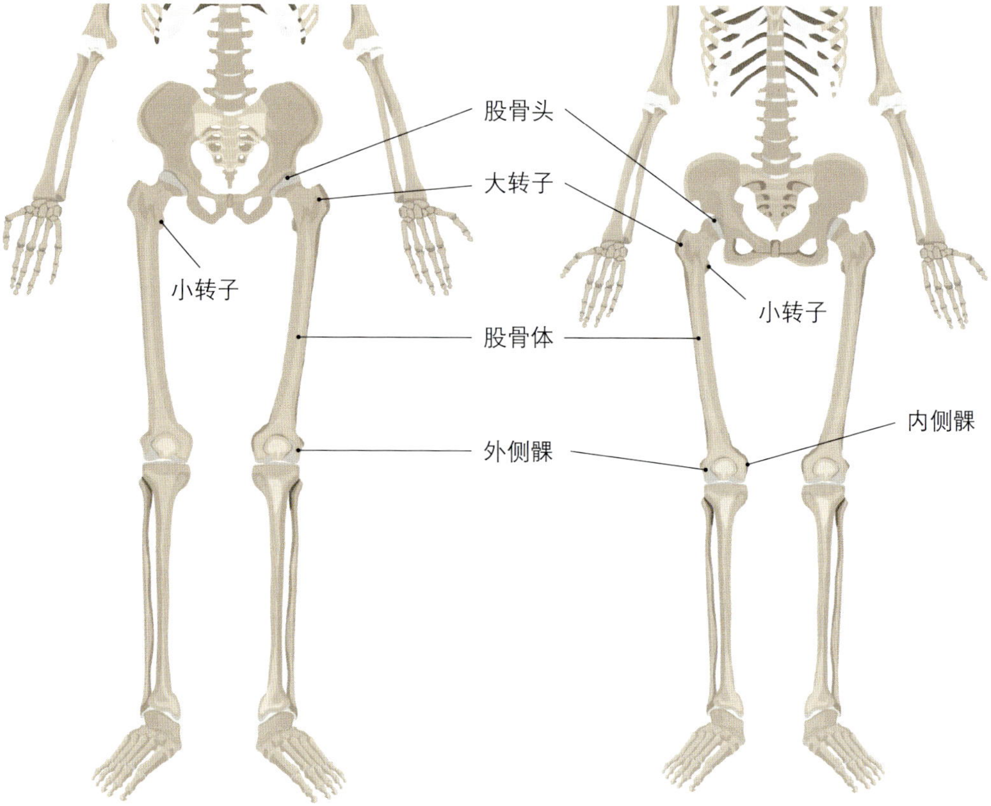

股骨正面图

股骨，俗称为大腿骨，是人体中最长且最强壮的骨骼。它不仅支撑着人体的重量，还在运动和活动中起着至关重要的作用。位于下肢的股骨延伸自髋关节（髋骨的球状结构）到膝关节，形成了与其他骨骼相连的关键连接部分。股骨的独特形状和强度使其能够承受日常活动中施加的巨大力量，如走路、跑步、跳跃以及爬楼梯等。

在结构上，股骨分为几个主要部分：股骨头、大转子、小转子、股骨体和髁。股骨头是球状的，上方与髋关节构成球窝关节，允许大腿在各种方向上灵活移动。大转子和小转子是股骨的侧面突起，分别作为多条肌肉的附着点，参与大腿的旋转和运动。股骨体则是股骨的主要部分，呈管状结构，既轻便又强韧，以有效传递身体重量。

股骨的健康对整体身体功能至关重要。它不仅支持日常活动，还在运动时发挥关键作用。当我们行走或进行跑步等活动时，股骨通过传导来自上半身的力量，确保下肢稳定，并且帮助身体保持平衡。强壮的股骨和周围肌群能够有效地吸收震动和冲击，减少受伤的风险。因此，保持股骨及其周围肌肉的健康与强壮，能够显著提升我们的运动表现与生活质量。

然而，随着年龄的增长和某些生活方式的影响，股骨可能会面临一些健康问题。骨质疏松症、骨折和关节炎等疾病会对股骨造成很大负担，导致运动能力下降和生活质量降低。因此，保持定期身体锻炼，增加钙质和维生素 D 的摄取，都是维护股骨健康的重要措施。同时，了解适宜的锻炼方法、注意正确的运动姿势，也能够有效地单独或联合地预防或减轻与股骨有关的疾病。

股骨作为人体的重要组成部分，不仅有维持身体直立的功能，也在整体运动健康中发挥着重要角色。了解其功能、健康影响以及维护方式，能够帮助我们更好地生活，享受运动的乐趣。一块健康强壮的股骨，意味着我们能更自由地探索世界的每一个角落。

（一）男性股骨和女性股骨的区别

1. 尺寸与形状

股骨长度与总骨量

男性的股骨通常较长，平均比女性的股骨长 10%~15%。根据多项研究，成年男性的股骨长度一般在 48~56 厘米之间，而女性则在 43~52 厘米之间。这种长度的差异使得男性在某些运动项目中更具优势，如跑步和跳跃。

股骨粗壮度

男性的股骨体通常较粗壮，直径更大。这一现象与男性普遍较高的肌肉量有关，使得男性能够在更高的力量条件下活动。而女性的股骨相对较细，骨密度也略低，这使得女性在承载重物时，股骨易受到压力和应力引起的损伤。这种差异也解释了为什么女性在经历骨量减少或骨质疏松时，骨折风险较高。

2. 骨性标志的差异

大转子的结构

男性的大转子通常比女性的大转子更发达与宽厚，适应更多的肌肉附着，尤其是臀部肌群，使得男性在力量输出时具备更高的能力。大转子的形态，直接影响运动时的肌肉功能。

股骨的脊梁结构

男性股骨粗线通常更为明显，这为大腿前侧肌肉的附着提供了更多的面积和强度。男性肌肉发展较为明显，能够更好地支持股骨的稳定性和运动能力。相比之下，女性的股骨粗线相对平直，肌肉生长的压力相对较小，从而使得女性在某些情况下在运动输出上存在一定程度的劣势。

3. 关节稳固性

股骨的性别差异也直接影响关节的稳定性。由于男性股骨通常更为粗壮，因此与骶骨及髋骨的连接部位，能够承受更大的力量。这种力学特性使得男性在进行高

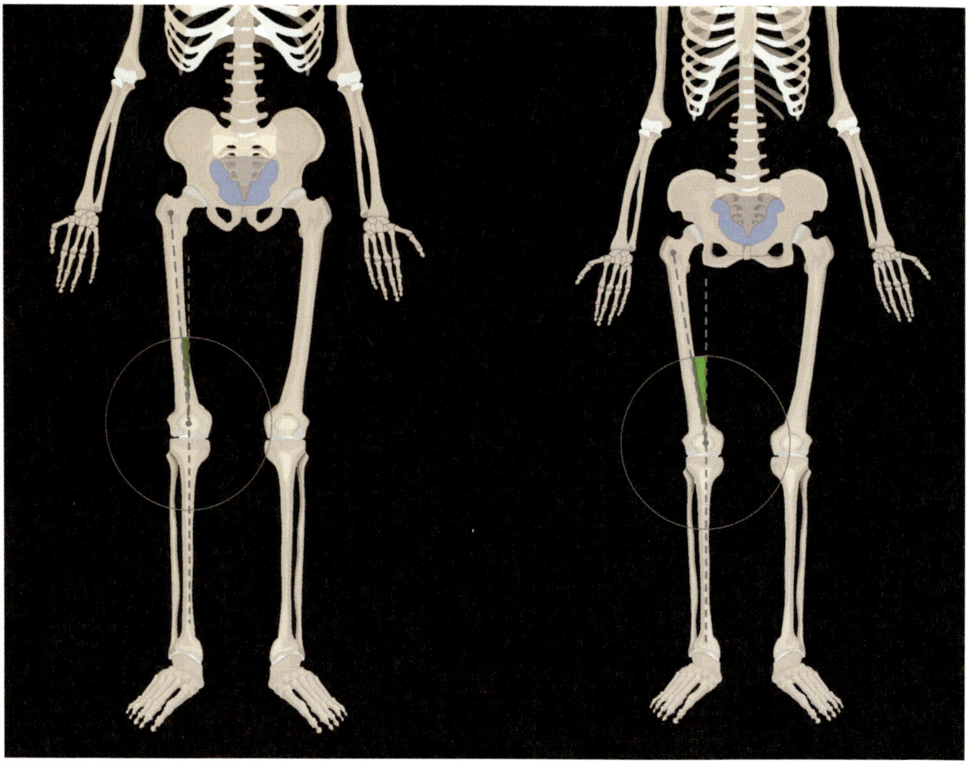

男性股骨与女性股骨对比图

强度运动时，关节的稳定性更加突出。相对而言，女性股骨因生理构造的不同，关节的稳定性相对较弱，更容易在快速变向或高负荷活动中受伤。

4. 骨密度与生理变化

与股骨的形态差异相伴随的是性别在骨密度上的差异。研究表明，男性通常具有更高的骨密度，这与日常的身体活动、激素水平和饮食习惯密切相关。较高的骨密度使得男性在面临骨折风险时，相对女性有更强的抵抗力。另一方面，女性在绝经期后，雌激素水平的下降则会导致骨密度急剧下降，使其面临更高的骨质疏松风险，尤其是在股骨及脊柱等承载性骨骼上。

5. 运动损伤的风险

由于股骨的结构差异，女性在进行高冲击力的运动（如篮球、足球等）时更容易出现膝关节损伤和韧带撕裂等问题。这是因为女性的股骨和骨盆之间的力学连接较为独特，使得膝关节在剧烈运动中过度拉伸，增加了受伤的风险。加之女性在运动过程中，生理周期的变化也会影响其肌肉力量和韧带的稳定性。这些因素共同作用，造成女性在运动损伤的发生率上明显高于男性，特别是在年轻女性运动员中。

6. 运动表现的差异

在一些耐力运动中，女性的表现可能更多依赖于身体的柔韧性与协调性，而男性则更多依靠力量与速度。由于股骨的结构差异，男性在力量型运动（如举重、短跑等）中表现更为突出，而女性在柔韧和技巧型运动（如体操、舞蹈等）中则表现得更加优异。

了解股骨在男性与女性之间的差异，对于临床治疗、运动康复以及健身训练都具有重要的意义。在医学方面，医生在诊断与治疗下肢疾病、运动损伤时，应考虑到这些性别差异，提供更加个性化的治疗方案。例如，针对女性患者的骨质疏松症状，医生应更加注重股骨的保护以及营养与运动的结合。

在运动训练的设计中，根据运动员的性别特征，适当调整训练内容与强度，以达到更好的效果。同时，也要特别关注女性运动员在生理周期及激素水平变化对运动表现与受伤风险的影响，及时做出相应的调整。

（二）股骨的骨性标志

股骨，作为人体中最长的骨骼，承担着支撑体重、传递力量以及参与下肢复杂运动的重要功能。其结构复杂而精妙，从前侧到背面均分布着一系列独特的骨性标志，这些标志不仅有助于我们深入理解股骨的解剖结构，还为临床诊断、治疗以及康复训练提供了重要参考。

1.前侧的骨性标志

股骨头

股骨头位于股骨的最上端，呈球形，嵌入髋关节窝内，与髋臼形成髋关节。它

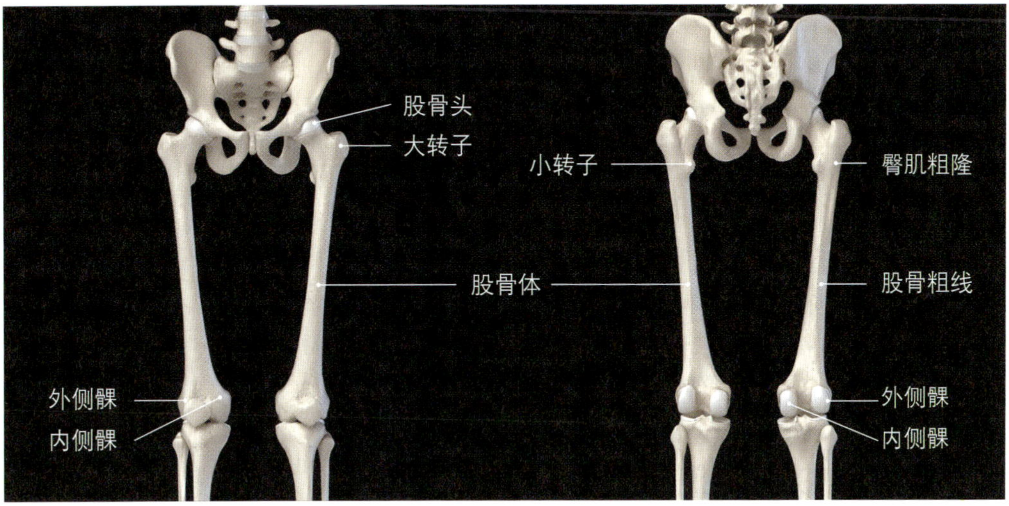

股骨的骨性标志

是下肢与躯干连接的关键部位，承担着人体大部分体重的负荷，并允许下肢进行多方向的运动。股骨头表面覆盖有一层光滑的关节软骨，以减少摩擦，保护关节。

大转子

大转子位于股骨外侧的中上部，是股骨颈向外侧延伸的粗大结节。触摸时，可以明显感知到其坚硬的质地和突出的形态。大转子是许多重要肌肉的附着点，如臀中肌、臀小肌和梨状肌等，这些肌肉在维持髋关节稳定性和参与下肢运动中发挥着关键作用。此外，大转子还是测量下肢长度和评估髋关节功能的重要解剖标志。在教练员和理疗师的眼中，大转子的位置和形态对于评估观察对象下肢力量、柔韧性和协调性具有重要意义。

小转子

小转子位于股骨内侧的中上部，紧邻股骨头下方。与大转子相比，小转子的体积较小，但同样具有重要的解剖意义。它是髂腰肌的止点，参与下肢的屈曲和外旋动作。同时，小转子也是股骨内侧肌等肌肉的附着点，参与维持膝关节的稳定性。

股骨体

股骨体是股骨的主体部分，从股骨头延伸至膝关节，承载着身体的重量与力量。它呈圆柱形，表面光滑，内部有骨髓腔，内含骨髓，具有造血功能。股骨体的外侧缘有一条纵行的骨嵴，称为股骨粗线，为股外侧肌等肌肉的附着提供位置。股骨体的内侧缘则相对平滑，但也有一些肌肉的附着点。

内侧髁、外侧髁

股骨下端膨大，形成内外两个髁，即内侧髁和外侧髁。内侧髁位于股骨内侧，是内侧副韧带的附着点，参与维持膝关节的稳定性。外侧髁则位于股骨外侧，是外侧副韧带和腓肠肌外侧头的附着点。内外侧髁与胫骨平台共同构成膝关节的关节面，允许膝关节进行屈伸、内收、外展和旋转等复杂运动。

2.背面的骨性标志

股骨粗线

股骨粗线是股骨背面的一条重要骨性标志，它位于股骨体的后侧缘，从股骨颈的基底部一直延伸至股骨下端。股骨粗线分为内侧唇和外侧唇，分别为股内侧肌和股外侧肌的附着点。这些肌肉在维持膝关节稳定性和参与下肢运动中发挥着重要作用。同时，股骨粗线的位置和形态对于评估下肢肌肉力量和柔韧性也具有重要意义。

臀肌粗隆

臀肌粗隆位于大转子附近，是臀大肌等肌肉的附着点。这些肌肉在维持髋关节稳定性和参与下肢运动中发挥着关键作用。臀肌粗隆的位置和形态对于评估髋关节功能、诊断髋关节疾病以及制定康复训练计划具有重要意义。

小转子

从背面视角观察，小转子同样清晰可见。作为髂腰肌的止点，参与下肢的屈曲和外旋动作。同时，它也是股骨内侧肌等肌肉的附着点之一，参与维持膝关节的稳定性。在髋关节手术和康复训练中，小转子的位置和形态对于手术入路的选择和康复方案的制定具有重要影响。

3.股骨结构的重要性

股骨的结构复杂而精妙，这些独特的骨性标志不仅有助于我们深入理解股骨的解剖结构，还为临床诊断、治疗以及康复训练提供了重要参考。

临床诊断

在髋关节和膝关节疾病的诊断中，股骨的骨性标志发挥着重要作用。例如，在髋关节脱位、股骨骨折等创伤情况下，通过触诊和影像学检查可以确定损伤的部位和程度；在膝关节炎、髌骨软化症等膝关节疾病的诊断中，股骨内外侧髁的位置和形态也是重要的评估指标之一。

治疗与康复

在治疗方面，股骨的骨性标志为手术入路的选择提供了重要依据。例如，在髋关节置换术、股骨骨折内固定术等手术中，医生需要根据股骨的骨性标志来确定手术切口的位置和深度。在康复训练方面，了解股骨的骨性标志有助于制定针对性的康复方案，促进患者下肢功能的恢复。例如，在针对髋关节和膝关节的康复训练中，可以通过加强附着于股骨骨性标志上的肌肉力量来提高关节的稳定性和运动能力。

运动医学研究

股骨的骨性标志对于运动医学研究也具有重要意义。通过对股骨骨性标志的测量和分析，可以了解不同人群下肢运动的特点和规律，为制定科学的运动方案和训

练计划提供依据。同时，股骨的骨性标志也是评估运动员下肢力量和柔韧性的重要指标之一，有助于指导运动员进行针对性的训练和比赛准备。

第二章

股四头肌训练

（一）股四头肌在运动中的作用

股四头肌在体育运动中发挥着至关重要的作用，其强大的力量和灵活性为运动员提供了卓越的下肢支撑和运动表现。

1.支撑与平衡

股四头肌位于大腿前侧，是人体中最大的肌肉群之一。在行走、跑步、跳跃等动作中，股四头肌通过收缩与舒张，实现伸膝动作，从而保持身体的平衡与稳定。这种支撑与平衡功能对于运动员来说至关重要，尤其是在需要快速移动和变换方向的运动项目中，如足球、篮球等。

2.力量输出

股四头肌具有强大的力量输出能力，这使得运动员在进行下肢爆发性动作时能够产生巨大的力量。例如，在短跑、跳远、跳高等项目中，运动员需要利用股四头肌的力量来迅速加速、起跳和腾空。此外，在举重、深蹲等力量训练中，股四头肌也是主要的发力肌肉之一。

3.膝关节稳定性

股四头肌对于膝关节的稳定性起到至关重要的作用。通过牵拉髌腱，股四头肌能够改变膝盖的力学状况，为膝关节提供稳固的支撑。在体育运动中，尤其是需要频繁进行下肢动作的项目中，如足球、篮球、排球等，膝关节的稳定性对于运动员的发挥至关重要。股四头肌的强壮程度直接影响膝关节的稳定性和运动员的运动表现。

4.运动控制与协调

股四头肌不仅参与下肢的屈伸动作，还参与调控腿部的旋转和外展动作。这种精细的控制能力使得运动员在进行复杂动作时能够保持正确的轨迹和力量输出。例如，在体操、舞蹈等项目中，运动员需要利用股四头肌的协调能力来完成各种高难度的动作。此外，在滑雪、滑冰等冬季运动项目中，股四头肌的协调能力也至关重要，它能够帮助运动员保持身体的平衡和稳定。

5.预防运动损伤

股四头肌的强壮程度还与运动员的运动损伤风险有关。通过加强股四头肌的锻炼，可以提高膝关节的稳定性和灵活性，从而降低运动损伤的风险。例如，在跑步、打篮球等项目中，运动员容易因为膝关节扭伤或脱位而受伤。而强大的股四头肌能够为膝关节提供重要的支撑和保护，减少受伤的可能性。

6.提升运动表现

股四头肌的锻炼不仅可以提高运动员的力量和速度，还可以改善其步态的稳定性和流畅性。通过科学合理的锻炼方法，如深蹲、箭步蹲、腿屈伸等动作，可以有效地增强股四头肌的力量和形态，从而塑造出更加匀称、紧致的大腿线条。这种改善不仅有助于提升运动员的自信心和形象，还可以提高其在比赛中的运动表现。

（二）股四头肌力量训练的重要性

股四头肌作为人体大腿前侧的重要肌肉群，对于维持下肢功能、提升运动表现以及预防损伤等方面都具有极其重要的作用。因此，进行股四头肌力量训练显得尤为重要。

1.提升下肢力量

股四头肌力量训练能够显著提升下肢力量。在日常生活中，无论是行走、跑步还是跳跃，都需要股四头肌的参与。强大的股四头肌能够让我们更轻松地完成这些动作，减少因力量不足而导致的疲劳和损伤风险。

2.提升运动表现

股四头肌力量训练对于运动表现的提升至关重要。对于运动员来说，无论是田径运动、打篮球还是踢足球等运动项目，都需要良好的下肢爆发力。而股四头肌正是下肢爆发力的主要来源之一。通过力量训练，可以增强股四头肌的收缩速度和力量，从而提升运动成绩。

3.预防下肢损伤

许多常见的运动损伤，如膝关节韧带拉伤、髌骨软化等，都与股四头肌力量不足有关。通过加强股四头肌的力量和稳定性，可以增强膝关节的保护作用，减少损伤的发生。

4.延缓肌肉衰退

随着年龄的增长，老年人的肌肉力量会逐渐下降，这会增加跌倒和骨折的风险。通过坚持股四头肌力量训练，可以延缓肌肉衰退，提高身体的平衡能力和稳定性，从而降低跌倒的风险。

（三）股四头肌与臀部肌肉的关系

在健身领域中，流传着一句至理名言：“没有强大的腿，哪来强大的臀。”这句话不仅揭示了腿部与臀部肌肉之间的紧密联系，更强调了腿部肌肉在整体力量训练中的重要性。然而，这里所说的“强大的腿”并非指那种“短粗壮”的大腿形态，那是许多女性所不愿看到的。

股四头肌的主要作用是使大腿伸直和内旋，并参与行走、跑步、跳跃等多种运动。强大的股四头肌不仅有助于塑造健美

的腿部线条，还能提升下肢力量和运动表现。在健身圈中，拥有发达的股四头肌往往被视为训练硬核和努力的象征。

臀部训练和股四头肌训练并不是孤立的。许多训练动作都需要这两块肌肉群的共同参与。例如，深蹲和弓步蹲等动作既有完整的膝关节动作，也有髋关节动作，因此可以同时训练到臀部和腿部肌肉。在这些动作中，臀肌在动作的底部达到收缩的峰值，而股四头肌则负责大腿的前伸和内旋。因此，臀部训练和股四头肌训练在实际操作中往往是相互交织、共同进行的。

臀部训练和股四头肌训练还可以相互促进。通过加强臀部肌肉的训练，可以提升髋关节的稳定性和灵活性，从而为股四头肌的训练提供更好的基础。同样地，通过加强股四头肌的训练，可以提升下肢的力量和运动表现，从而有助于更好地完成臀部训练动作。臀部训练的高效进行，离不开腿部肌肉的有力支撑、稳定以及协同发力。

因此，在深入探讨臀部训练之前，让我们先聚焦于腿部肌肉的核心——股四头肌的训练。

（四）股四头肌在运动中常见的损伤

股四头肌常见的运动损伤包括肌肉拉伤，尤其是突然加速或踢腿时；其次是肌腱炎，常出现在经常跳跃的运动中。另外，肌肉的过度疲劳和僵硬也会使肌肉受伤，这个常出现在健美运动员的备赛中。

（五）预防和治疗

运动前充分热身，动态拉伸股四头肌，强化核心肌群和臀肌，避免出现代偿性损伤；经常用泡沫轴放松和拉伸，可以预防股四头肌损伤。

（六）股四头肌起止点

股四头肌由四块不同的肌肉组成，它们分别是股直肌、股中肌、股外侧肌和股内侧肌。这些肌肉的起止点各不相同，共同构成了股四头肌的复杂结构，使其能够执行多种动作。

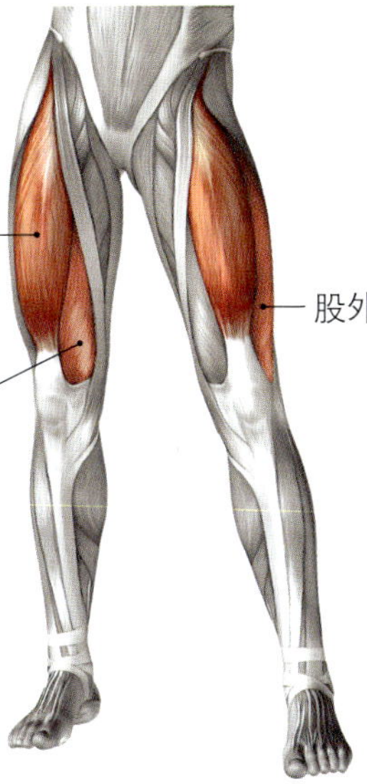

1.股直肌

股直肌是股四头肌中最靠前的一块肌肉，它位于大腿前侧的正中位置。股直肌的起点位于髂前下棘，这是骨盆前侧下方的一个突起。从起点开始，股直肌向下延伸，跨越髋关节和膝关节，直至与其他三块股四头肌肌肉合并成一条肌腱。由于股直肌是唯一一块具有髋关节屈曲功能的肌肉，它在人体进行屈髋动作时发挥着重要作用。同时，股直肌还参与膝关节的伸展动作，使大腿能够向前抬起并伸直。

股直肌的止点与其他三块股四头肌肌肉相同，它们合并成一条肌腱后，包绕髌骨（膝盖骨）向下形成髌韧带。髌韧带是一条坚韧的纤维组织，它连接着髌骨和小腿骨上端的胫骨粗隆。这种结构使得股直肌在膝关节伸展时能够发挥巨大的力量，帮助人体完成行走、跑步等动作。

2.股中肌

股中肌位于股骨的前部，是股四头肌中较为隐蔽的一块肌肉。与股直肌相比，股中肌的起点更靠近股骨的中部，它主要附着在股骨体的前面。股中肌的主要功能是参与膝关节的伸展动作。当人体进行站立、行走或跑步等动作时，股中肌会与其他股四头肌肌肉一起协同工作，使膝关节能够顺利伸展，从而完成动作。

与股直肌相同，股中肌的止点也位于胫骨粗隆。它通过与其他三块股四头肌肌肉的肌腱合并，形成强大的髌韧带，为膝关节的伸展提供有力的支持。

3.股外侧肌

股外侧肌是股四头肌中最外侧的一块肌肉，它位于股骨的外侧。股外侧肌的起点位于股骨粗线外侧唇，这是一条从股骨上部延伸至下部的明显隆起。股外侧肌的主要功能是负责膝关节伸展。当人体进行站立、行走或跑步等动作时，股外侧肌会与其他股四头肌肌肉一起协同工作，使膝关节能够顺利伸展,并保持大腿的稳定性。

此外，股外侧肌还参与了一些特殊的动作，如腿部的外展动作。这种动作在人体进行侧向移动或保持平衡时尤为重要。股外侧肌的止点同样位于胫骨粗隆，它与其他三块股四头肌肌肉的肌腱合并后形成髌韧带，为膝关节的伸展提供重要的力量支持。

4.股内侧肌

股内侧肌是股四头肌中最内侧的一块肌肉，它位于大腿骨的内侧，与股外侧肌相对应。股内侧肌的起点位于股骨粗线内侧唇。股内侧肌的主要功能是参与膝关节的伸展。当人体进行站立、行走或跑步等动作时，股内侧肌会与其他股四头肌肌肉一起协同工作，使膝关节能够顺利伸展，并帮助大腿保持稳定。

与股外侧肌相似，股内侧肌也参与了一些特殊的动作，如腿部的内收动作。这种动作在人体进行内侧移动或保持平衡时尤为重要。股内侧肌的止点同样位于胫骨粗隆，它与其他三块股四头肌肌肉的肌腱合并后形成髌韧带，共同为膝关节的伸展提供力量支持。

股四头肌的四块肌肉——股直肌、股中肌、股外侧肌和股内侧肌虽然起止点各不相同，但它们共同构成了大腿前侧强大的肌肉群。这些肌肉的止点相同，都位于胫骨粗隆，通过合并成一条肌腱后形成髌韧带，为膝关节的伸展提供有力的支持。在人体进行行走、跑步、跳跃等动作时，股四头肌会协同工作，使膝关节能够顺利伸展，从而完成动作。

股四头肌的复杂结构和功能使其成为健身和体育运动中的重要训练对象。通过合理的训练方法和计划，可以增强股四头肌的力量和耐力，提高人体的运动表现。然而，需要注意的是，在训练过程中要遵循正确的姿势和技巧，避免过度训练和受伤。同时，结合其他肌肉群的训练，可以使身体更加协调、均衡地发展。

（七）股四头肌功能

股四头肌，作为人体大腿前侧的主要肌肉群，扮演着至关重要的角色。它不仅在维持人体基本动作中发挥着核心作用，还在健身和体育训练中占据举足轻重的地位。

1.膝关节伸展：股四头肌的核心功能

股四头肌的主要功能是伸展膝关节，即将腿部从弯曲状态变为伸直状态。这一动作在日常生活中无处不在，无论是行走、跑步、跳跃还是站立，都离不开股四头肌的参与。

在行走过程中，每一步都需要股四头肌收缩以伸直腿部，推动身体向前。跑步时，股四头肌更是需要频繁且快速地收缩，以维持连续的步态。跳跃时，股四头肌的爆发力决定了跳跃的高度和远度。而在站立时，股四头肌则处于持续收缩状态，以维持膝关节的稳定性和支撑体重。

在健身训练中，深蹲是锻炼股四头肌的最佳动作之一。深蹲时，随着大腿与地面距离的缩短，股四头肌逐渐拉长并达到极限状态，即所谓的“黏滞点”。此时，股四头肌受到最大的拉伸力，肌肉纤维被充分激活，从而有利于增强肌肉力量和耐力。同时，深蹲还能促进下肢血液循环，提高腿部肌肉的耐力和爆发力。

值得注意的是，深蹲动作的正确性对于锻炼效果至关重要。在进行深蹲时，应保持背部挺直、脚尖与膝盖方向一致，并尽量使大腿与地面平行。这样不仅可以确保股四头肌的训练效率，还能降低受伤风险。

2.髋关节屈曲：股四头肌的辅助功能

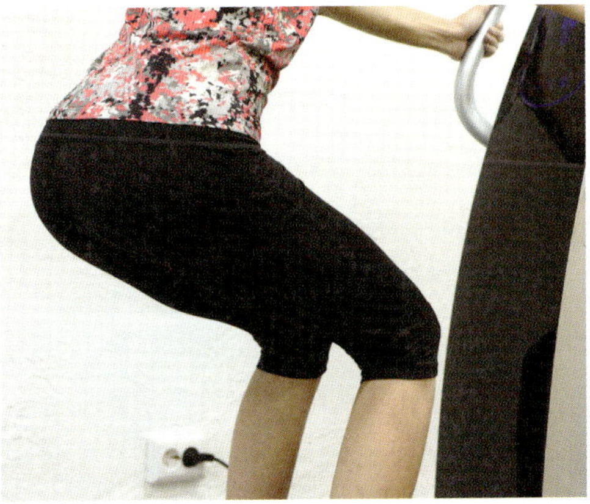

除了膝关节伸展外，股四头肌中的股直肌还具有髋关节屈曲的功能。股直肌的起点位于髋关节的前部，因此当进行屈髋动作时，如弯腰或做深蹲的起始阶段，股直肌会优先发力。这一功能在日常生活中同样具有重要意义，如弯腰捡拾物品、坐下和站起等动作都需要股直肌的参与。

然而，在深蹲过程中，虽然股直肌会参与髋关节屈曲，但为了确保动作的稳定性和安全性，通常是髋关节优先启动，膝关节紧随其后。这是因为深蹲动作主要锻炼的是下肢肌肉群，特别是股四头肌。如果髋关节屈曲过度而膝关节未能及时跟上，就可能导致动作失衡，增加受伤风险。因此，在深蹲时，应确保髋关节和膝关节的协调运动，以达到最佳的锻炼效果。

此外，股直肌在髋关节屈曲功能中还与其他肌肉群相互协作，共同维持人体的基本动作。例如，当进行仰卧起坐时，股直肌会与其他腹部肌肉一起发力，协助完成动作。这进一步证明了股四头肌在人体动作中的复杂性和重要性。

（八）股四头肌的训练

1.深蹲动作对股四头肌训练的独特价值

深蹲作为锻炼股四头肌的经典动作，具有多种独特价值。首先，深蹲能够全面锻炼股四头肌的各个部分。在深蹲过程中，随着大腿与地面距离的缩短和膝关节的伸展，股四头肌的各个肌肉纤维都会得到充分的拉伸和收缩，从而实现全面的锻炼效果。

其次，深蹲动作能够激活更多的肌肉纤维。深蹲时股四头肌受到较大的拉伸力和压力，因此能够激活更多的肌肉纤维参与运动。这不仅有利于增强肌肉力量和耐力，还能促进肌肉的生长和发育。

此外，深蹲动作还能提高下肢的协调性和稳定性。在深蹲过程中，需要保持背部挺直、脚尖与膝盖方向一致等动作要求，这有助于锻炼下肢的协调性和稳定性。这种协调性和稳定性对于日常生活中的行走、跑步等动作至关重要。

同时，深蹲动作还具有很好的适应性。无论是初学者还是高级健身者，都可以通过调整深蹲的深度、速度和重量等参数来适应自己的训练需求。这使得深蹲成为了一种适合不同水平健身者的通用训练动作。

需要注意的是，深蹲动作也存在一定的受伤风险。如果动作不正确或过度训练，就可能导致膝关节或髋关节受伤。因此，在进行深蹲训练时，应确保动作的正确性，并注意逐渐增加训练强度以减少受伤风险。

深蹲的训练方法多种多样，下面我们将详细介绍几种常见的深蹲训练动作。

颈后杠铃深蹲

颈后杠铃深蹲是锻炼股四头肌的最佳动作之一。它不仅能够有效地拉伸和收缩股四头肌，还能提高下肢的整体力量和稳定性。

动作要点：当下蹲至大腿与地面平行时，小腿与上半身躯干应处于相互平行的状态。此时，杠铃的重量刚好从颈后垂直于地面穿过脚掌人体重心，形成最稳定的状态且达到效率最高点。此时屈膝角度等于屈髋角度，膝关节与髋关节承载的剪切力相等。由于髋关节的结构远大于膝关节，因此髋关节上的力较分散，无法成为该动作的主导。因此，在颈后杠铃深蹲中，膝关节及膝关节上的股四头肌起主要的作用，而髋关节及髋关节上的臀大肌则起到辅助稳定的作用。

个体差异：由于每个人的身体比例和

颈后杠铃深蹲（侧面）

颈后杠铃深蹲（正面）

颈后杠铃深蹲（侧面）　　颈后杠铃深蹲（正面）

柔韧性不同，因此并非所有人都能达到理想的深蹲状态。例如，腿短躯干长的人可能比腿长躯干短的人更容易保持身体平衡；而足背屈功能受限的人则可能在深蹲时上半身躯干往前倾，从而增加腰椎的压力并降低股四头肌的训练效率。对于这类人群，可以通过在脚后跟垫片或进行足背屈训练来改善深蹲时的姿势。

呼吸方式：在深蹲过程中，应吸气并屏住呼吸完成动作。这是因为在膝伸时，胸腔承受着压力，必须充满气体以保证脊柱的稳定。其他动作则推荐在离心收缩时吸气，在向心收缩时吐气。

注意事项：为了保持深蹲动作的稳定性和安全性，应确保肩关节外旋的活动度足够，以避免上半身前倾。同时，下蹲的最佳至低点应略低于黏滞点，以充分拉伸股四头肌并提高其训练效率。对于女性训练者来说，颈后杠铃深蹲应稳稳地进行，尽量避免爆发性动作。如果需要爆发性力量，只能在到达下蹲最低点后启动伸膝的那一瞬间进行。这样可以确保动作的稳定性和安全性，同时避免对腰椎和膝关节造成过大的压力。

颈前杠铃深蹲

颈前深蹲与颈后深蹲相比，具有更加孤立地训练股四头肌的优点。然而，由于杠铃位于胸前，因此无法像颈后深蹲那样承受较大的重量。

动作要点：在颈前深蹲中，应确保杠铃位于胸前的正确位置，并保持胸部挺起。这样可以使屈髋的角度小于屈膝的角度，从而增加膝关节的压力并削弱髋关节与臀大肌的稳定性作用。同时，由于杠铃位于胸前，因此需要更加注意保持身体的平衡和稳定。

注意事项：颈前深蹲虽然能够更加孤立地训练股四头肌，但由于其重量限制和较高的技术要求，因此不适合作为第一个训练动作。在进行颈前深蹲时，应确保动作标准并逐渐增加重量。

哈克深蹲

哈克深蹲是一种更加孤立、更加安全的训练动作，有助于训练足背屈功能及膝关节所能承受的剪切力。

动作要点：在进行哈克深蹲时，应找到合适的角度以确保膝关节优先启动。同时，应保持膝盖往下跪、臀直上直下的动作轨迹，避免撅屁股等错误姿势。在动作过程中，应注重肌肉的收缩感和稳定性。

注意事项：哈克深蹲虽然能够更加孤立地训练股四头肌，但由于其技术要求较高且容易受伤，因此应在专业教练的指导下进行训练。同时，应逐渐增加重量并注重动作的准确性和稳定性。

2.其他训练股四头肌的动作

倒蹬腿举

动作要点：在倒蹬腿举中，应确保两只脚踩在踏板的下部，以增加屈膝、伸膝的角度并适宜训练股四头肌。同时，坐骨应紧紧贴在靠垫上，保持骨盆的稳定不动。在动作过程中，应稳稳地倒蹬并注重肌肉的收缩感，而不是追求爆发力和速度。

颈前杠铃深蹲（侧面）

颈前杠铃深蹲（正面）

颈前杠铃深蹲（侧面）　　颈前杠铃深蹲（正面）

哈克深蹲（侧面）

哈克深蹲（后面）

哈克深蹲（侧面）

哈克深蹲（后面）

倒蹬腿举（俯视）

倒蹬腿举（侧面）

倒蹬腿举（俯视）　　倒蹬腿举（侧面）

注意事项：为了避免对腰椎造成过大的压力并降低股四头肌的训练效率，应确保动作过程中保持正确的姿势和稳定的呼吸。同时，倒蹬行程应适中并注重肌肉的收缩感。

坐姿腿屈伸（近端固定）

坐姿腿屈伸是一种针对股四头肌近端固定的训练动作，能够分别锻炼股直肌和

坐姿腿屈伸（侧面）

坐姿腿屈伸（正面）

坐姿腿屈伸（侧面）

坐姿腿屈伸（正面）

股四头肌的其他部分。

动作要点：在进行坐姿腿屈伸时，应保持屈髋状态以侧重锻炼股直肌的起点；同时，也可以保持伸髋状态以侧重锻炼股四头肌的止点。在动作过程中，应注重肌肉的收缩感和稳定性，并逐渐增加重量和重复次数。

注意事项：为了避免对腰椎和膝关节造成过大的压力并降低训练效率，应确保动作过程中保持正确的姿势和稳定的呼吸。同时，应根据个人的身体比例和柔韧性选择合适的训练角度和重量。

（九）股四头肌训练的深度解析与实践指导

股四头肌，作为人体大腿前侧的核心肌肉群，不仅对于日常行走、奔跑、跳跃等基本活动至关重要，更是塑造健硕下肢线条、提升整体运动表现的关键。有效的股四头肌训练不仅能够增强肌肉力量，提高身体稳定性，还能在一定程度上预防膝关节损伤。以下是对股四头肌训练的全面解析与实践指导，旨在帮助健身爱好者深入理解训练原则，掌握正确技巧，从而全面提升下肢力量。

1.女性颈后杠铃深蹲：稳定与控制的艺术

颈后杠铃深蹲是锻炼股四头肌的经典动作，尤其受到女性健身者的青睐，因为它不仅能增强下肢力量，还能提升身体的整体协调性和稳定性。然而，女性在进行颈后杠铃深蹲时，应特别注意以下几点：

稳稳地下蹲，追求控制而非爆发

女性在进行深蹲时，首要原则是追求动作的稳定性与控制力。深蹲的核心在于锻炼肌肉，而非测试力量或速度。因此，下蹲过程中，应保持身体平衡，控制动作节奏，避免突然发力或失去控制。稳定的下蹲有助于减少受伤风险，同时确保肌肉得到均匀且充分的锻炼。

在整个动作过程中，背部应保持挺直，臀部向后坐，膝盖与脚尖方向一致，避免膝盖内扣或过度外展，以减少膝关节的压力和受伤风险。

很多初学者（女性偏多）在学习颈后杠铃深蹲动作时，两脚习惯宽站距且呈外八型，此蹲法使内收肌群参与过多，会造成大腿内侧短而粗壮，从健美的形体美感来看，这不是美而有力的大腿形态，应尽量避免。

爆发的时机与技巧

虽然强调稳定性与控制力，但在到达下蹲最低点后启动伸膝的那一瞬间，女性可以适当增加爆发力。这一瞬间的爆发有助于更好地刺激股四头肌，提升训练效果。但请注意，这种爆发应在充分热身和肌肉准备充分的情况下进行，以避免受伤。

为了实现这一瞬间的爆发，可以在下蹲过程中保持深呼吸，积累力量，在伸膝时迅速呼气并用力。同时，保持核心肌群的收紧，以维持身体的稳定性。

正确的姿势与杠铃位置

杠铃应放置在肩胛骨上方，以确保稳

定的支撑。双手握住杠铃杆，保持肩宽或稍宽的握距，以保持杠铃的平衡。

下蹲时，背部挺直，臀部向后坐，膝盖与脚尖方向一致。同时，保持腹部收紧，以维持核心稳定性。在下蹲过程中，注意感受股四头肌的收缩与拉伸，确保动作的有效性。

2.颈前深蹲：挺起胸部的力量源泉

颈前深蹲相较于颈后深蹲，具有更加孤立地训练股四头肌的优点。然而，这一动作对技巧性要求较高，尤其是在保持身体平衡和稳定方面。在进行颈前深蹲时，挺起胸部是至关重要的。

减小屈髋角度，增加股四头肌负荷

挺起胸部可以使屈髋的角度小于屈膝的角度，从而增加膝关节的压力并削弱髋关节与臀大肌的稳定性作用。这样，股四头肌将承担更多的负荷，得到更充分的锻炼。同时，挺起胸部还有助于保持身体的直线状态，减少上半身前倾的可能性，降低腰椎受伤的风险。

保持平衡与稳定

挺起胸部有助于保持身体的平衡与稳定，减少因动作不稳而导致的受伤风险。在下蹲过程中，保持杠铃贴近身体，减少杠铃对肩部的压力。同时，注意保持核心肌群的收紧，以维持身体的稳定性。

呼吸与发力技巧

在进行颈前深蹲时，保持深呼吸是关键。深呼吸有助于维持胸腔的稳定，为肌肉提供充足的氧气和能量。在下蹲过程中，保持呼吸平稳，避免憋气。在启动伸膝时，可以适度屏气以增加力量输出，但屏气时间不宜过长，以免影响血液循环和呼吸功能。

3.倒蹬训练：骨盆稳定的奥秘

倒蹬是一种解放了脊柱、髋关节相对固定的训练动作，能够做相对比较纯粹的屈膝与伸膝动作。在进行倒蹬训练时，骨盆的稳定性至关重要。

坐骨紧贴靠垫，保持骨盆稳定

在进行倒蹬动作时，坐骨应紧紧贴在靠垫上，保持骨盆稳定不动。这有助于减少腰椎的压力，提高训练效率。同时，保持骨盆稳定还可以使股四头肌得到更充分的锻炼，避免臀部肌肉的过多参与。

倒蹬行程的选择与调整

倒蹬行程的选择应根据个人目标和身体状况进行调整。行程过长可能导致臀部参与过多，影响股四头肌的孤立训练效果；行程过短则可能无法充分拉伸和收缩股四头肌。因此，在进行倒蹬训练时，应根据个人情况选择合适的行程长度。

脚踩位置与屈膝角度的调整

将脚踩在蹬板的偏下位置可以增加屈膝角度，从而更充分地锻炼股四头肌。同时，保持膝盖与脚尖方向一致，避免内扣或外展，以减少膝关节受伤的风险。调整脚踩位置时，应根据个人身高、腿长等因素进行个性化设置。

4.坐姿腿屈伸：屈髋与伸髋的效率点探索

腿屈伸是一种在股四头肌近端固定条

件下针对股四头肌的训练动作，能够分别锻炼股直肌和股四头肌的其他部分。在进行坐姿腿屈伸训练时，保持屈髋和伸髋两个动作的不同效率点是关键。

屈髋状态下的股直肌锻炼

在屈髋状态下进行坐姿腿屈伸训练时，可以侧重锻炼股直肌的起点。此时，应保持大腿与小腿之间的夹角适中，以避免过度拉伸或收缩股四头肌。同时，保持背部挺直和腹部收紧，以维持核心稳定性。在动作过程中，注意感受股直肌的收缩与拉伸，确保动作的有效性。

伸髋状态下的股四头肌锻炼

在伸髋状态下进行坐姿腿屈伸训练时，可以侧重锻炼股四头肌的止点。此时，应适当增加大腿与小腿之间的夹角，以充分拉伸和收缩股四头肌。同时，注意控制动作节奏和呼吸频率，避免突然发力或失去控制。在伸髋过程中，保持核心肌群的收紧，以维持身体的稳定性。

重量与次数的选择与调整

在进行坐姿腿屈伸训练时，应根据个人目标和身体状况选择合适的重量和次数。重量过大可能导致肌肉拉伤或受伤；次数过多则可能导致肌肉疲劳和过度训练。因此，在进行训练前，应进行充分的热身和拉伸，以确保肌肉处于最佳状态。同时，根据个人进步情况适时调整重量和次数，以保持训练的持续性和有效性。

股四头肌训练是健身过程中的重要环节之一。通过掌握正确的训练技巧和注意事项，女性可以更好地锻炼股四头肌，提

升下肢力量和稳定性。同时，不同的深蹲动作和技巧对于股四头肌的刺激程度和效果各不相同。因此，在选择训练动作时，应根据个人目标和身体状况进行科学合理的安排。在训练过程中，保持耐心和坚持精神是取得成功的关键所在。通过不断的努力和实践，相信每个人都能在股四头肌训练方面取得显著的进步和成果。请记住，有效的训练不仅在于动作的完成度，更在于对细节的精准把控和对身体的深刻理解。股四头肌的训练是健身训练中不可或缺的一部分。通过选择合适的训练动作并注意动作要点及建议，我们可以有效地增强股四头肌的力量和耐力，提高下肢的整体稳定性和协调性。同时，我们还应根据自己的身体状况和训练目标制定合理的训练计划，并在专业教练的指导下进行训练以确保安全和效果。

为了获得最佳的锻炼效果，建议在训练计划中结合多种动作进行交替训练。这不仅可以避免单调乏味，还能使股四头肌

得到更全面的锻炼。同时，还应注意逐渐增加训练强度，以刺激肌肉的生长和发育。

在训练过程中，饮食和休息同样重要。合理的饮食可以为肌肉提供充足的营养和能量支持，而充足的休息则有助于肌肉的恢复和生长。

第三章

腘绳肌训练

腘绳肌是位于大腿后侧的一组重要肌肉，主要由股二头肌、半腱肌和半膜肌组成。这三块肌肉不仅构成了人体中最长的双关节肌肉群，还在运动中发挥着至关重要的作用。

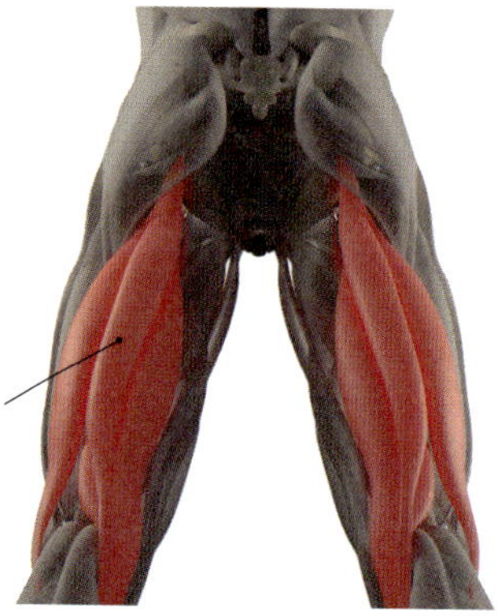

（一）腘绳肌在运动中的主要作用

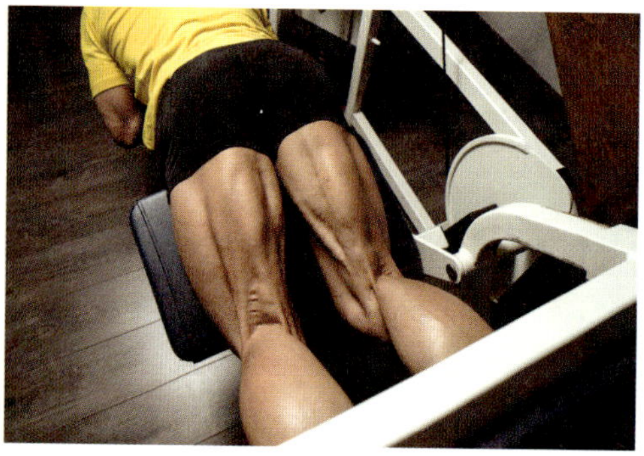

1. 伸展髋关节和屈曲膝关节

腘绳肌的主要功能之一是伸展髋关节，即帮助大腿向臀部靠近。这一动作在跑步、跳跃等运动中尤为关键。当运动员进行这些运动时，腘绳肌的收缩能够使髋关节向后伸展，为股四头肌等肌肉群提供更大的活动空间，从而提高运动效率。同时，腘绳肌还能通过收缩帮助屈曲膝关节，即小腿向后弯。在行走、站立和跑步等日常活动中，这一功能对于保持身体的直立和平衡至关重要。膝关节伸展时，腘绳肌处于舒张状态，被动拉长以配合动作完成，使得下肢运动更加自由流畅。

2. 维持下肢稳定性

腘绳肌在维持下肢稳定性方面也发挥着重要作用。特别是在快速运动和动态平衡要求较高的情况下，腘绳肌与股四头肌等肌肉的协同作用能够确保下肢的稳固和平衡。这种稳定性不仅提升了运动表现，还减少了因下肢不稳导致的意外损伤。例如，在足球运动中，运动员在冲刺时利用腘绳肌的后伸功能，可以更快地调整身体姿势，从而迅速改变方向或加速奔跑。同样，在篮球运动中，运动员在投篮时利用腘绳肌的收缩功能，能帮助维持髋关节稳定性，支撑身体平衡，辅助投篮动作的连贯性。

3. 参与下肢旋转运动

腘绳肌还参与了下肢的旋转运动。当股二头肌收缩时，会使小腿向外旋；半腱肌、半膜肌收缩时，可以将小腿向内旋，这有助于调整步态和保持身体平衡。这一功能在跑步、跳跃等运动中尤为重要，因为它能够帮助运动员更好地控制身体的姿势和动作，从而提高运动表现。

4. 保护膝关节

腘绳肌在运动中还具有保护膝关节的

作用。通过收缩，腘绳肌能够为膝关节提供动态的保护，防止胫骨过度前移，从而减少膝关节受伤的风险。特别是在进行高强度运动或突然改变运动方向时，腘绳肌的这一保护作用尤为明显。

（二）腘绳肌力量训练的重要性

鉴于腘绳肌在运动中的重要作用，对其进行力量训练显得尤为重要。力量训练不仅能够增强腘绳肌的力量和耐力，还能够提高其柔韧性和协调性。这对于提升运动表现、预防运动损伤以及促进康复都具有重要意义。

1. 提升运动表现

通过力量训练，腘绳肌的力量和耐力得到增强，这使得运动员在进行高强度运动或长时间运动时能够更加自如地控制身体的姿势和动作。同时，力量训练还能够提高腘绳肌的协调性和反应速度，使得运动员在运动中能够更快地做出反应和调整。

2. 预防运动损伤

腘绳肌的力量训练对于预防运动损伤具有重要意义。通过增强腘绳肌的力量和柔韧性，可以减少因肌肉紧张或过度牵拉导致的损伤风险。此外，力量训练还能够提高腘绳肌的抗疲劳能力，使得运动员在长时间运动中能够更好地保持身体的稳定性和平衡性。

3. 促进康复

对于已经发生腘绳肌损伤的运动员来说，力量训练也是康复过程中不可或缺的一部分。通过有针对性的力量训练，可以促进受损肌肉的修复和再生，加速康复进程。同时，力量训练还能够提高腘绳肌的柔韧性和协调性，使得运动员在康复后能够更好地恢复运动能力。

（三）腘绳肌与臀部肌肉的关系

腘绳肌与臀部肌肉之间存在着密切的关系，它们共同协作以完成多种运动功能，并在维持身体姿势和稳定性方面发挥着重要作用。

1.共同协作

在进行伸髋动作时，腘绳肌与臀部肌

肉（尤其是臀大肌）共同协作，通过向后拉动骨盆来伸展躯干。例如，从坐姿到站立的转换过程中，这两组肌肉都会发挥关键作用。

在跑步、跳跃等运动中，腘绳肌与臀部肌肉共同维持下肢的稳定性和平衡性，确保运动员能够顺利完成动作。

2.相互代偿

当臀部肌肉（如臀大肌）无力时，腘绳肌可能会代偿过度使用，从而增加受伤的风险。这种代偿现象可能导致腘绳肌的过度紧张和疲劳，甚至引发损伤。

相反，如果腘绳肌无力或受伤，臀部肌肉也可能会代偿，但这同样可能增加其他肌肉或关节的负担，导致不适或损伤。

3.训练

在进行臀部肌肉训练时，腘绳肌也会得到一定程度的锻炼。因此，这些训练动作不仅有助于增强臀部肌肉的力量和耐力，还能提高腘绳肌的协调性和稳定性。

专门针对腘绳肌的训练（如腿弯举）也可以促进臀部肌肉的协调发展，从而提高整体的运动表现。

4.康复

在腘绳肌或臀部肌肉受伤后，康复训练应综合考虑这两组肌肉的协同作用。通过适当的拉伸、强化训练和平衡练习，可以促进受损肌肉的修复和再生，加速康复进程。

在康复过程中，还应注意避免过度使用或代偿现象的发生，以免加重损伤或延长康复时间。

（四）腘绳肌在运动中常见的损伤

腘绳肌在运动中常见的损伤主要包括以下几种类型：

1.急性损伤

急性损伤通常与突然的牵拉和离心负荷有关，常见于跳跃、踏跳后蹬、跨栏、劈叉、压腿以及跑步冲刺等运动中。这些动作要求腘绳肌在短时间内做出快速而有力的收缩或伸展，如果动作不协调或用力过猛，就可能导致肌肉拉伤或撕裂。

肌肉拉伤： 肌肉拉伤是腘绳肌最常见的急性损伤之一。拉伤程度可轻可重，轻度拉伤可能只会导致局部疼痛，而重度拉伤则可能导致肌肉完全撕裂，严重影响运动员的运动能力。拉伤时，运动员通常可以听到或感觉到肌肉部位发出“噗”的一声响，并伴有明显的疼痛和肿胀。

肌腱损伤： 腘绳肌的肌腱也是容易受伤的部位。肌腱损伤可能表现为肌腱炎或肌腱撕裂。肌腱炎是肌腱过度使用或受到外伤而引起的炎症，表现为局部疼痛、肿胀和活动受限。肌腱撕裂则更为严重，可能导致运动员无法继续运动。

2.慢性劳损

慢性劳损是长时间反复活动导致的细微损伤积累，常见于长跑、长时间站立或行走等运动中。这种损伤可能与肌肉无力、疲劳和生物力学异常有关。

肌肉劳损：长时间的运动或站立可能导致腘绳肌肌肉劳损，表现为局部疼痛、僵硬和肿胀。这种疼痛可能在运动后加重，休息后缓解。

肌腱腱围炎：腘绳肌的肌腱腱围炎也是一种常见的慢性劳损。这种炎症可能是肌腱长期受到摩擦或压迫引起的，表现为局部疼痛、肿胀和活动受限。

（五）损伤原因

腘绳肌损伤的原因多种多样，主要包括以下几点：

1.热身不足

充分的热身可以帮助肌肉和关节适应即将进行的运动，减少受伤的风险。如果热身不足，肌肉和关节可能无法充分伸展和放松，从而增加受伤的可能性。

2.肌肉疲劳

长时间的运动或高强度训练可能导致肌肉疲劳，降低肌肉的弹性和收缩能力。此时，如果继续进行高强度的运动，就容易发生肌肉拉伤或撕裂。

3.肌肉协调性差

肌肉协调性差可能导致运动员在运动过程中无法正确地控制肌肉收缩和伸展，从而增加受伤的风险。

4.骨盆过度倾斜

骨盆过度倾斜可能改变脊柱骨盆的力学结构，增加腰椎前凸的程度，给腘绳肌腱施加额外的张力，从而增加受伤的风险。

5.肌肉力量不平衡

腘绳肌和股四头肌之间的肌肉力量不平衡也是导致腘绳肌损伤的重要原因之一。如果腘绳肌相对较弱，就容易在运动过程中受到过度牵拉而受伤。

（六）预防和治疗

为了预防腘绳肌损伤，运动员可以采取以下措施：

1.充分热身

在运动前进行充分的热身活动，帮助肌肉和关节适应即将进行的运动。

2.加强力量训练

通过有针对性的力量训练增强腘绳肌的力量和耐力，提高其抗疲劳能力。

3.提高肌肉协调性

通过专门的训练提高肌肉协调性，使运动员在运动过程中能够正确地控制肌肉收缩和伸展。

4.调整运动姿势

保持正确的运动姿势和动作轨迹，避免过度牵拉或受伤。

5.合理安排训练强度和频率

根据个人的身体状况和运动水平合理安排训练强度和频率，避免过度训练导致肌肉疲劳或损伤。

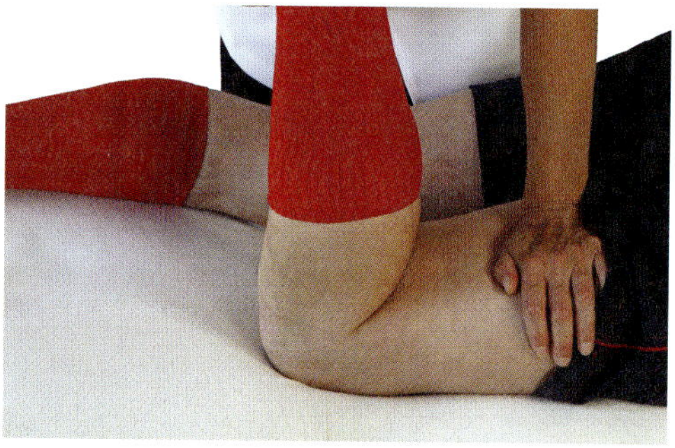

对于已经发生腘绳肌损伤的运动员，应尽快就医并采取相应的治疗措施。治疗措施可能包括休息、冰敷、压迫和抬高患肢等急性处理措施，以及物理治疗、康复训练等慢性处理措施。根据损伤的严重程度和个体差异，治疗时间和康复过程可能有所不同。

（七）股二头肌起止点

股二头肌位于大腿的后外侧浅层，是腘绳肌的重要组成部分。它分为长头和短头两个部分，这两部分肌肉协同工作，为膝关节提供强大的屈曲和外旋力量。股二头肌的存在不仅增强了大腿后侧的肌肉力量，还在维持身体姿势和平衡方面发挥着关键作用。

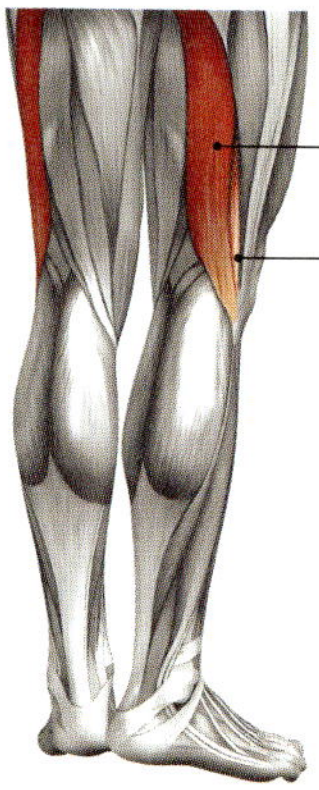

1.起点

长头（跨关节肌）：股二头肌的长头起于坐骨结节，这是骨盆后下方的一个重要骨性标志。坐骨结节是坐骨的一部分，它向下延伸并形成一个突出的结节，为股二头肌长头提供了稳定的附着点。正确的坐姿要求坐骨稳稳地坐在水平面上，这样不仅可以确保脊柱处于中立位置，减少腰椎的压力，还能使股二头肌长头得到充分的放松和支撑。此外，坐骨结节也是半腱肌和半膜肌的起点，这三块肌肉共同构成了大腿后群肌肉的主要部分，对膝关节的屈曲和旋转起到关键作用。

补充知识点：正确的坐姿对于保护脊柱和肌肉至关重要。当坐姿不当时，如臀部未完全坐在座位上，或身体前倾导致腰椎过度弯曲，都会增加腰椎的负担，并可能导致股二头肌等大腿后群肌肉的紧张和不适。因此，保持正确的坐姿是预防腰痛和肌肉劳损的重要措施之一。

短头：股二头肌的短头起于股骨粗线外侧唇。股骨粗线是股骨后侧的一条明显隆起，它分为内侧唇和外侧唇两部分。其中，外侧唇的上方是股外侧肌的起点，而下方则是股二头肌短头的起点。这种解剖结构使得股二头肌短头与股外侧肌在功能上相互协调，共同维持膝关节的稳定性。

补充知识点：股骨粗线外侧唇作为大腿后侧肌肉的重要附着点，其形态和结构对于肌肉力量的发挥具有重要意义。了解股骨粗线的解剖特点有助于我们更好地理解大腿后群肌肉的功能和训练方法。同时，在进行大腿力量训练时，应充分考虑到这些肌肉的附着点和运动轨迹，以确保训练的有效性和安全性。

2.止点

股二头肌的止点位于腓骨头。腓骨头是小腿外侧的一块骨头，它是腓骨的上端部分。腓骨是小腿骨中的一根细长的骨头，与粗大的胫骨并行排列。股二头肌通过肌腱与腓骨头相连，当肌肉收缩时，它会拉动腓骨头和整个小腿向后上方移动，从而实现膝关节的屈曲动作。同时，股二头肌还可以使小腿外旋。

补充知识点：腓骨头作为股二头肌的止点，其位置和功能对于理解膝关节的运动机制至关重要。了解腓骨头的解剖特点和与周围肌肉的关系有助于我们更好地认识膝关节的稳定性和灵活性。此外，在进行膝关节康复训练或增强膝关节稳定性的训练时，应充分考虑到腓骨头和股二头肌的作用，以确保训练的有效性和安全性。

（八）股二头肌功能

股二头肌作为大腿后群肌肉的关键组成部分，其复杂的功能不仅体现在对单一关节的作用上，更在于它如何跨越并影响多个关节，特别是膝关节与髋关节。这种跨关节的特性使得股二头肌在人体运动中发挥着至关重要的作用。

1.膝关节屈

股二头肌的主要功能是使膝关节屈曲。当人体站立或行走时，股二头肌收缩可以拉动小腿向后上方移动，从而实现膝关节的屈曲动作。这一动作在日常活动中极为常见，如坐下、起身、爬楼梯等。股二头肌的强壮与否直接影响到这些动作的流畅性和力量输出。

值得注意的是，股四头肌是股二头肌在膝关节上的主要拮抗肌。股四头肌的主要功能是使膝关节伸展，与股二头肌形成对抗关系。这种拮抗关系有助于维持膝关节的稳定性和灵活性，确保人体在进行各种下肢活动时能够保持正确的姿势和动作轨迹。当股四头肌与股二头肌协同工作时，它们共同为膝关节提供强大的支撑和保护。

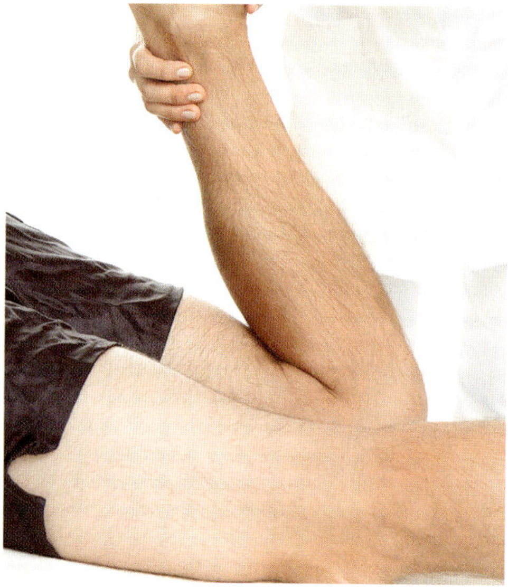

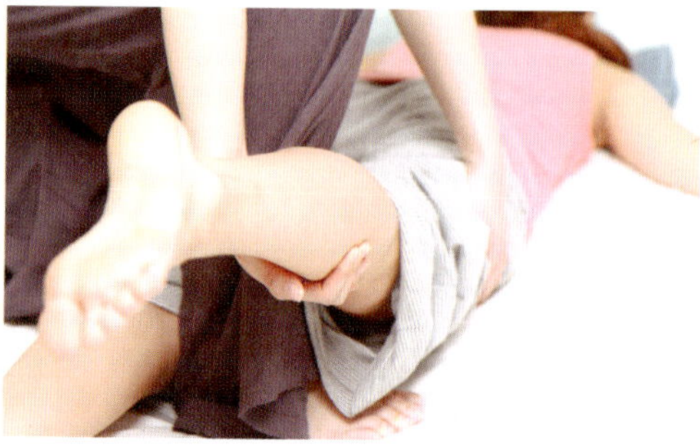

2. 髋关节后伸（股二头肌长头功能）

除了膝关节屈曲外，股二头肌的长头还具有髋关节后伸的功能。由于长头起于坐骨结节，跨越髋关节和膝关节，因此当人体进行后仰、挺身等动作时，股二头肌长头会收缩并拉动骨盆向后移动，从而实现髋关节的伸展动作。这一功能在人体进行某些特定动作时尤为重要，如从坐姿到站立的转换、跑步时的后蹬动作等。

3.股骨外旋（股二头肌是外旋肌）

此外，股二头肌还具有使股骨外旋的功能。股骨外旋是指股骨相对于髋关节轴线的旋转动作，这一动作有助于调整下肢的姿势和稳定性。股二头肌通过其肌腱与腓骨头的连接，可以协同其他外旋肌群（如臀大肌、臀中肌等）共同完成股骨的外旋动作。这种外旋功能在人体进行某些复杂动作时尤为重要，如足球中的射门动作、篮球中的转身跳投等。

股二头肌的这些功能不仅在日常生活中发挥着重要作用，还在体育运动和康复训练中具有重要价值。了解股二头肌的功能特点有助于我们更好地安排相关训练和采取保护措施。例如，在进行下肢力量训练时，可以针对股二头肌的不同功能设计相应的训练动作，以提高其力量和耐力水平。同时，在进行康复训练时，也可以利用股二头肌的功能特点来制定个性化的康复方案，以促进患者的功能恢复和肌肉增长。

（九）股二头肌的训练

直腿硬拉

直腿硬拉是锻炼股二头肌的经典动作之一，尽管其名称中含有“直腿”二字，但在实际操作中，膝关节应保持微屈状态，以避免给膝关节带来过大的压力，防止膝关节超伸造成的损伤。因此，更准确的称呼应为“微屈腿硬拉”。

动作要点：双脚与肩同宽站立，手握杠铃，杠铃位于脚上方。保持背部挺直，核心肌群收紧，膝关节微屈。

缓慢下放杠铃，同时臀部向后移动，背部保持挺直，直至杠铃几乎接触地面。在此过程中，股二头肌被逐渐拉长。

直腿硬拉（侧面）

直腿硬拉（正面）

直腿硬拉（侧面）　　直腿硬拉（正面）

利用股二头肌的力量将杠铃拉回起始位置，注意控制动作速度，避免使用惯性。

直腿硬拉能够拉起相对较重的重量，对股二头肌形成有效的刺激。在动作的最高效率点，腘绳肌（包括股二头肌）得到最大程度的收缩。

使用前脚掌垫片时，股二头肌被变相拉长，当弯曲下去屈髋时，股二头肌进一步被拉长，这利用了被动不足的原理进行孤立训练。

注意事项： 避免使用过重负荷，以免髂腰肌群过多代偿，影响股二头肌的训练效果。

无须完全站直或回归中立位，做 1/2 或 2/3 程即可，以避免过多训练臀大肌。

略微“外八”站立，有助于更加孤立地训练股二头肌。

俯身腿弯举

俯身腿弯举是一个高度孤立的股二头肌训练动作。

动作要点： 俯卧板的设计角度有助于保持屈髋姿态，减少臀大肌的参与，使股二头肌的训练更加孤立。

有意识地将大腿呈外旋状态，避免股骨内旋导致的股二头肌拉伤。

注意事项： 对于存在股骨内旋体态的人群，特别需要注意股骨的外旋调整，以保护股二头肌。

若着重训练股二头肌长头，尤其是长头偏坐骨端，可考虑挺身姿势进行训练。

绷脚尖动作可以减少腓肠肌的参与，与常规认知相反，这是因为绷脚尖时腓肠肌处于紧张状态，无法有效参与屈膝动作。

坐姿腿弯举

坐姿腿弯举是另一种常见的股二头肌训练动作。

动作要点： 坐于器械上，双脚勾住踏板，调整重量。缓慢下放踏板，直至股二头肌充分拉伸。然后利用股二头肌的力量将踏板拉回起始位置。

注意事项： 保持背部挺直，核心肌群收紧。动作过程中，注重肌肉的收缩和放松感觉，避免使用惯性。

腿举（倒蹬）

腿举（倒蹬）虽然主要训练大腿前侧的股四头肌，但通过调整踏板位置和发力方式，也可以有效刺激股二头肌。

动作要点： 确保坐骨紧紧地挨着凳面，以保持髋骨稳定，避免腰部受力。

双脚踏在踏板上部有助于增加伸屈膝的行程，降低伸屈髋的行程，从而更多地刺激股二头肌。

建议前脚掌垫片并靠脚后跟发力，这样可以在伸膝的同时减少臀大肌和大腿后侧其他肌肉的参与，更加专注于股二头肌的训练。

注意事项： 在整个动作过程中，保持肌肉紧张，避免快速下放和回弹。

根据个人能力选择合适的重量，避免过度训练导致肌肉拉伤或受伤。

下拉时呼气，上升时吸气，保持呼吸顺畅。

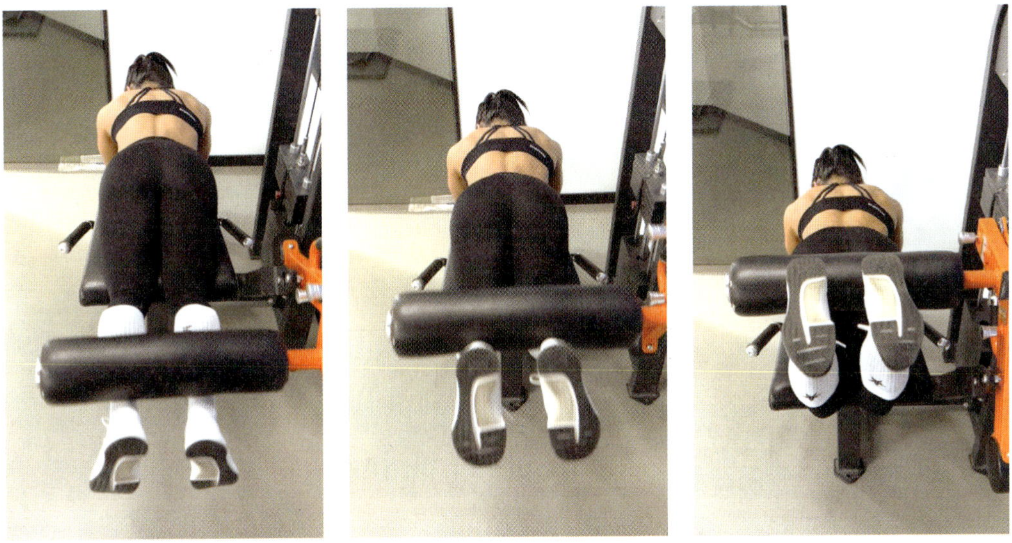

俯身腿弯举（俯视）

俯身腿弯举（侧面）

俯身腿弯举（俯视）

俯身腿弯举（侧面）

坐姿腿弯举（侧面）

坐姿腿弯举（正面）

坐姿腿弯举（侧面）　　坐姿腿弯举（正面）

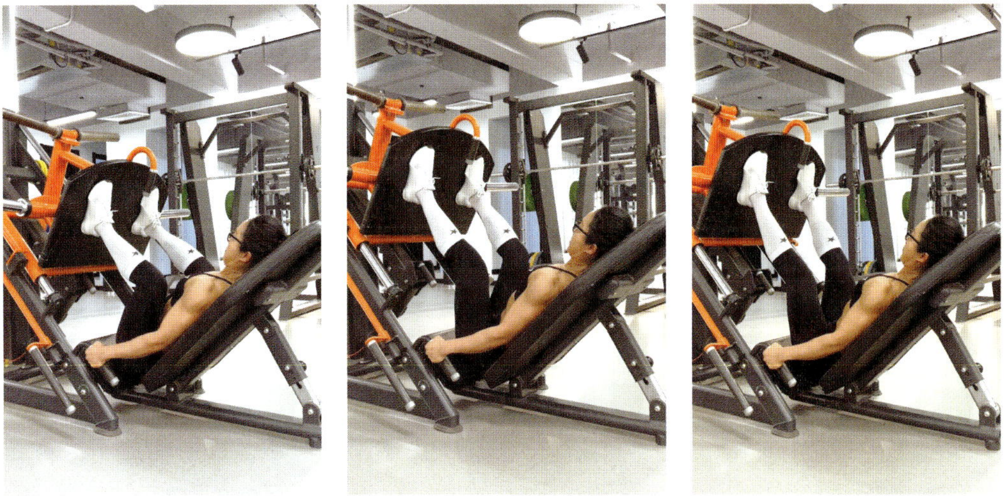

腿举（倒蹬）（45° 角）

腿举（倒蹬）（侧面）

腿举（倒蹬）（45° 角）　　腿举（倒蹬）（侧面）

（十）半腱肌、半膜肌起止点

半腱肌和半膜肌位于大腿后面的内侧浅层与深层，共同构成了大腿后侧的肌肉轮廓。半腱肌的肌腱细而长，几乎占据了肌肉长度的一半，这一特点使其在运动中具有独特的力学优势。相比之下，半膜肌则位于半腱肌的深层，其形态较为扁平，与半腱肌紧密相邻。

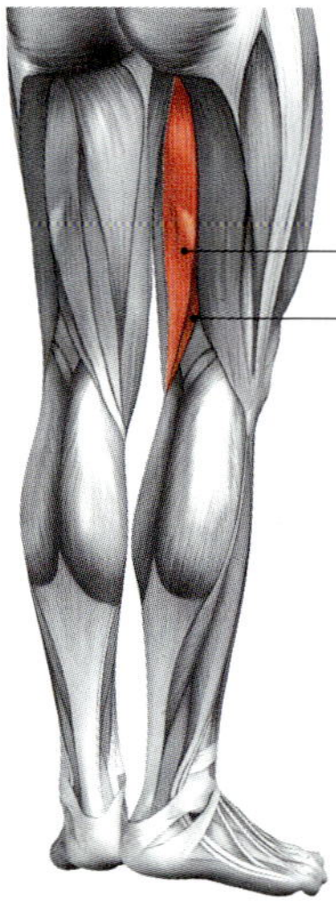

1.起点

半腱肌和半膜肌的起点均位于坐骨结节，这是一个位于骨盆后下方的骨性突起。坐骨结节作为这些肌肉的起点，为它们提供了坚实的附着点，使得它们能够在髋关节和膝关节的运动中发挥重要作用。

2.止点

半腱肌的止点：半腱肌的肌腱细长，穿过膝关节后内侧，最终附着于胫骨上端内侧。这一附着点使得半腱肌能够在膝关节屈曲和内旋时发挥关键作用。

半膜肌的止点：半膜肌的肌腱则更加深入，它穿过膝关节后内侧，附着于胫骨内侧髁的后面。这一特殊的附着点使得半膜肌在膝关节屈曲和内旋时能够提供额外的稳定性。

（十一）半腱肌、半膜肌的功能

由于半腱肌和半膜肌均起于坐骨结节，止于胫骨，因此它们都是跨关节肌。这意味着它们不仅能够影响膝关节的运动，还能够对髋关节产生影响。在训练过程中，我们可以利用主动不足和被动不足的原理来有针对性地锻炼这些肌肉。

主动不足：当一块跨两个关节肌肉在其缩短的位置上主动收缩时，其力量会相对减弱，这被称为主动不足。在训练半腱肌和半膜肌时，我们可以通过调整训练动作的角度和幅度，使这些肌肉处于相对缩短的位置，从而利用主动不足的原理来加强它们的收缩力量。

被动不足：当一块跨两个关节肌肉在其伸长的位置上被动拉长时，其抵抗拉长的能力会相对减弱，这被称为被动不足。在训练过程中，我们可以通过增加训练动作的幅度和重量，使半腱肌和半膜肌在拉长状态下受到更大的刺激，从而增强它们的力量和耐力。

1.髋关节后伸

半腱肌和半膜肌在髋关节后伸的动作中发挥着重要作用。当人体从坐姿到站立或进行后仰等动作时，这些肌肉会协同臀大肌等肌肉共同完成髋关节的伸展动作。通过加强这些肌肉的训练，可以提高髋关节的伸展力量和稳定性。

2.膝关节屈曲、内旋

在膝关节屈曲和内旋的动作中，半腱肌和半膜肌是主要参与者之一。当人体进行下蹲、跑步或跳跃等动作时，这些肌肉会收缩并拉动小腿向后上方移动，同时使小腿相对于大腿发生内旋。这种运动模式有助于维持下肢的稳定性和灵活性。

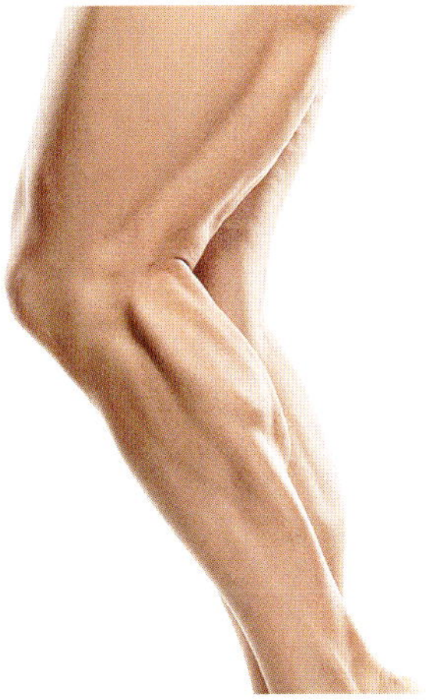

3.两侧收缩使骨盆前倾

当半腱肌和半膜肌在两侧同时收缩时，它们可以协同其他肌肉使骨盆发生前倾动作。这种动作在人体进行某些特定动作时尤为重要，如从卧位到站立的转换、舞蹈中的某些步伐等。通过加强这些肌肉的训练，可以提高骨盆的稳定性和灵活性。

（十二）研究半腱肌、半膜肌的意义

虽然在大腿后群肌肉中，股二头肌通常起主导作用，但半腱肌和半膜肌同样具有不可忽视的重要性。特别是作为内旋肌，它们在维持下肢姿势和稳定性方面发挥着关键作用。

许多人存在股骨内旋的问题，这可能是长期坐姿不良、运动习惯不当或遗传因素等原因导致的。当股骨处于内旋状态时，半腱肌和半膜肌会更容易受到牵拉和代偿。如果在不知情的情况下进行股二头肌的训练，这些肌肉可能会因为过度代偿而受伤。因此，加强半腱肌和半膜肌的训练对于预防运动损伤和提高下肢稳定性具有重要意义。

（十三）半腱肌、半膜肌的训练

内旋的俯卧腿弯举（最安全）

动作要点：俯卧于腿弯举器械上，双脚固定在滚轴下方，脚尖向内轻微旋转，确保腿部处于内旋状态。

收缩腿部肌肉，使滚轴向上移动，腿部弯曲，感受半腱肌和半膜肌的强烈收缩。

滚轴下降至起始位置时，腿部伸直，肌肉充分伸展，准备下一次收缩。

注意事项：保持背部紧贴器械，避免借力或拱背。

核心肌群收紧，有助于保持身体稳定，降低受伤风险。

动作过程中，呼吸顺畅，避免憋气。

单手持哑铃，同侧腿腾空直腿硬拉

动作要点：站立时，一手持哑铃下垂，同侧腿微微抬起离地，保持身体平衡。

沿对侧腿下垂的哑铃轨迹，做直腿硬拉动作，感受腿部后侧肌肉的拉伸与收缩。

保持背部挺直，避免腰部过度弯曲或

内旋的俯卧腿弯举（侧面）

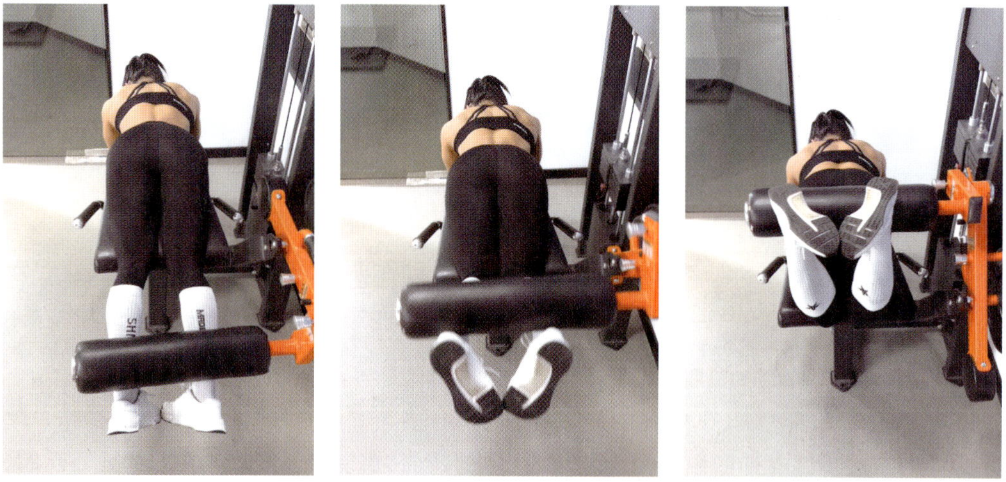

内旋的俯卧腿弯举（俯视）

内旋的俯卧腿弯举（侧面）　　内旋的俯卧腿弯举（俯视）

扭转。

注意事项：确保单腿腾空时，身体重心稳定，避免摔倒。

动作幅度适中，避免过度拉伸或收缩，造成肌肉损伤。

哑铃重量适中，根据个人体能逐步增加，避免过度训练。

单手持哑铃，同侧腿腾空直腿硬拉（侧面）

单手持哑铃，同侧腿腾空直腿硬拉（正面）

单手持哑铃，同侧腿腾空直腿硬拉（侧面）

单手持哑铃，同侧腿腾空直腿硬拉（正面）

内旋直腿硬拉（动作高风险）

动作要点：站立时，双脚与肩同宽，脚尖内旋，双手持哑铃垂于体前。

保持背部挺直，缓慢下降哑铃至接近地面，同时腿部保持微曲，感受腿部后侧及臀部肌肉的拉伸。

腿部与臀部同时发力，回到起始位置，完成一次动作。

注意事项：由于动作涉及较大幅度的腿部内旋与伸展，对关节柔韧性要求较高，建议在专业指导下进行。

动作过程中，保持身体稳定，避免腰

内旋直腿硬拉（侧面）

内旋直腿硬拉（后面）

内旋直腿硬拉（正面）

内旋直腿硬拉（侧面）　　内旋直腿硬拉（后面）　　内旋直腿硬拉（正面）

部过度弯曲或扭转，以免造成腰部损伤。

哑铃重量需根据个人体能逐步增加，避免一次性增加过多重量，导致肌肉拉伤或关节损伤。

第四章

臀大肌训练

臀大肌，被誉为象征人体健康的“人体发动机”，在人体结构中占据着举足轻重的地位。它位于臀部浅层，是身体最大的肌肉之一，不仅塑造了我们身体的曲线美，更是维持日常活动和运动功能的关键。臀大肌的强大力量，使得我们能够进行走路、跑步、跳跃等一系列下肢动作，它的收缩与舒张，为人体提供了稳定的支撑和推进力。一个健康、有力的臀大肌，意味着身体拥有良好的运动能力和平衡性，也是减少腰背部疼痛、预防跌倒等健康问题的有力保障。因此，锻炼臀大肌，不仅是为了塑造健美的身形，更是为了提升整体健康水平，让“人体发动机”持续高效运转，为我们的生活注入源源不断的活力与能量。

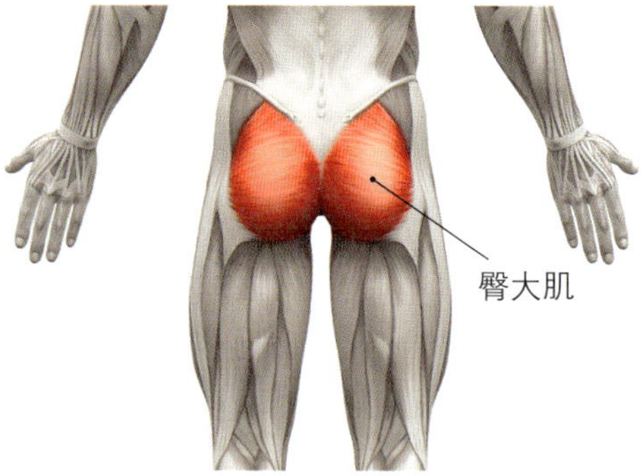

（一）臀大肌在运动中的作用

1.支撑与稳定作用

臀大肌在日常生活中就发挥着重要的支撑作用，特别是在保持坐位时，臀大肌能够有效减轻坐骨所承受的负荷，避免长时间坐姿带来的不适。此外，臀大肌连接着骨盆和下肢，通过其强大的收缩力，能够稳定骨盆和下肢，确保身体在运动中保持平衡和稳定。

2.增强运动能力

臀大肌作为髋关节部位的肌肉，在跑步、爬山等运动中发挥着至关重要的作用。通过臀大肌的收缩与舒张，能够显著提高大腿的后伸和外旋能力，从而增强个体的运动能力。臀大肌的发达程度还直接影响着个体的爆发力和耐力，是运动员在比赛中取得优异成绩的关键因素之一。

3.活动髋关节

臀大肌起自髋骨外面和骶骨背面，纤维斜向外下，覆盖大转子，这使得臀大肌能够活动髋关节。在行走、跑步等动作中，臀大肌的收缩能够带动髋关节的运动，实现大腿的摆动和身体的移动。同时，臀大肌的发达程度也影响着髋关节的灵活性和稳定性，对于预防髋关节疾病具有重要意义。

4.防止身体前屈

在跳跃、跑步等高强度运动中，臀大肌能够控制身体的平衡，减缓冲击力，防止身体前屈。这种功能对于保护脊柱和腰椎的健康至关重要，能够有效预防因运动过度或姿势不当导致的腰部损伤。

5.维持身体姿态

臀大肌在维持身体姿态方面也发挥着重要作用。当臀大肌发达且功能正常时，能够帮助维持身体的直立姿势，防止驼背等不良体态的出现。

臀大肌在运动中具有多重重要作用，不仅支撑着身体的平衡与稳定，还显著影响着运动表现和体态维持。因此，在日常锻炼中，应注重臀大肌的训练，以提升整体运动能力和保持健康体态。

（二）臀大肌力量训练的重要性

臀大肌，作为人体最大的肌肉之一，其强壮程度直接关系到我们的整体健康和运动表现。它位于臀部浅层，负责伸展髋关节和旋转外髋，是维持正常步态和身体姿势的关键肌肉。然而，在日常生活中，臀大肌往往被忽视，导致其功能下降，进而影响身体的稳定性和力量。因此，臀大肌力量训练显得尤为重要。

臀大肌力量训练能够显著提升我们的运动表现。在跑步、跳跃、举重等需要下肢力量的运动中，臀大肌发挥着至关重要的作用。一个强大的臀大肌可以为我们提供额外的动力，帮助我们在运动中更加出色。通过有效的训练，臀大肌的力量和耐力都会得到增强，从而提高我们在各种体育活动中的竞技水平。

臀大肌力量训练对于保护膝关节和下背部具有显著作用。膝关节和腰部是人体的重要承重关节，它们承受着日常活动和运动中的大部分压力。而臀大肌的力量和稳定性能够减轻这些关节的负担，预防因过度使用或损伤而导致的疼痛。通过锻炼臀大肌，我们可以增强其力量和柔韧性，从而更好地控制髋关节的运动，保持身体的平衡和稳定。这种保护性作用不仅能够预防运动损伤，还能在日常生活中减轻膝关节和腰部的压力，提高生活质量。

臀大肌力量训练还有助于改善身体姿势和平衡。臀大肌与髂腰肌、腹直肌等肌肉共同支撑腹部内脏，维持腹壁的紧张度。当臀大肌无力或功能不良时，可能导致步态异常，如蹒跚步态、步幅缩小等，进而影响我们的外观和形象。通过锻炼臀大肌，我们可以增强其核心稳定性，改善身体姿势，减少因姿势不良而导致的疼痛和不适。

同时，强大的臀大肌还可以提高我们的平衡能力，预防跌倒等意外事件的发生。

此外，臀大肌力量训练对于促进脂肪燃烧、控制体重和预防肥胖也具有积极作用。臀大肌是人体最大的肌肉群之一，锻炼时能够消耗大量的热量，有助于加速新陈代谢，促进脂肪的分解和代谢。通过持续的臀大肌力量训练，可以有效地减少腰腹部的赘肉，塑造紧致的臀部线条，提升整体身材的美观度。

臀大肌力量训练的方法多种多样，包括深蹲、硬拉、臀桥、简化单腿硬拉等经典动作。这些动作能够全面锻炼臀大肌的力量、耐力和柔韧性，提高其在运动中的表现。在进行臀大肌力量训练时，我们需要注意保持正确的姿势和呼吸方式，避免受伤。同时，结合适当的重量和组数进行训练，循序渐进地提高训练强度，以达到最佳的训练效果。

综上所述，臀大肌力量训练对于提升运动表现、保护关节、改善身体姿势和平衡以及促进脂肪燃烧等方面都具有重要作用。因此，我们应该重视臀大肌的训练，通过科学合理的锻炼方法，让“人体发动机”臀大肌持续高效运转，为我们的健康和生活注入源源不断的活力与能量。

（三）臀大肌的损伤与恢复

臀大肌，作为人体中最强大的肌肉之一，对于保持身体平衡、提供行走和跑步的动力以及维持正常的坐姿和站姿至关重要。然而，由于各种原因，臀大肌也可能遭受损伤，这不仅影响日常活动，还可能导致长期疼痛和功能障碍。因此，了解臀大肌的损伤原因、症状以及恢复方法显得尤为重要。

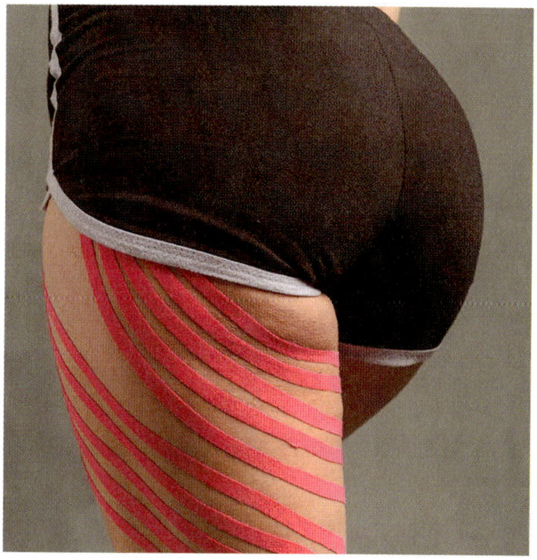

臀大肌损伤的原因多种多样，过度劳累是其中的一个重要因素。长期参与高强度的体育活动，如长跑、跳跃和举重，或者长期从事重体力劳动，都可能导致臀大肌因过度使用而受损。此外，不正确的运动姿势或缺乏适当的热身和拉伸，也可能增加臀大肌受伤的风险。除了运动因素，受凉和外伤也是臀大肌损伤的常见原因。臀部受寒后，肌肉会收缩痉挛，容易导致损伤；而摔倒、碰撞等外伤，则可能直接损伤臀大肌，引发疼痛、肿胀等症状。

臀大肌损伤的症状通常包括臀部疼

痛、肿胀、运动受限以及步态异常等。疼痛可能位于臀部外侧，伴有刺痛感或烧灼感，尤其在尝试伸直或旋转大腿时更为明显。肿胀则可能使臀部区域感到沉重或压迫，影响正常活动。此外，臀大肌损伤还可能导致步态不稳或跛行，影响身体平衡和稳定性。在严重的情况下，臀大肌损伤还可能影响神经肌肉接头的功能，导致肌肉收缩力减弱或丧失，进而引起下肢无力的症状。

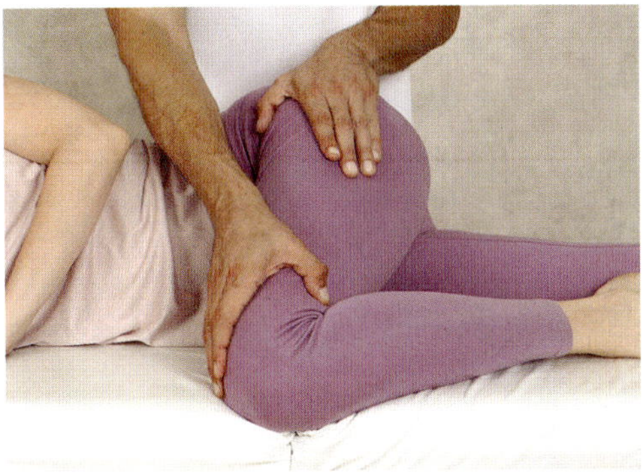

针对臀大肌的损伤，恢复方法主要包括主动休息、冰敷、热敷、按摩、用药和理疗等。在损伤初期，及时卧床休息，减少肢体活动，有助于减轻疼痛症状，避免损伤程度加重。在损伤后的 48 小时内，可以给予冰敷，以促使毛细血管收缩，减少出血、红肿等现象。48 小时后，则需给予热敷，以促使毛细血管扩张，缓解肌肉紧张、僵硬、疼痛等症状。同时，适当的按摩也可以帮助放松臀大肌，改善临床症状。如果疼痛明显，可以在医生指导下使用药物治疗，以缓解疼痛和炎症。

除了上述方法，理疗也是臀大肌损伤恢复的重要手段。红外线照射、电疗等理疗方法能够有效刺激臀大肌肌肉，增加肌肉的代谢能力，并促使肌肉功能恢复。在恢复过程中，患者还应积极配合医生进行相应的康复训练，以增强臀大肌的力量和稳定性，防止再次受伤。

在恢复期间，患者还应注意保持良好的生活习惯和饮食习惯。避免长时间保持同一姿势坐着或站着，每隔一段时间起身活动一下，进行简单的伸展运动，以缓解臀大肌的紧张状态。同时，合理膳食，多吃含蛋白质较为丰富的食物，如牛奶、鸡蛋等，有助于损伤肌肉的恢复。此外，保持充足的睡眠和愉悦的心情，也有助于身体的康复。

总之，臀大肌的损伤不仅影响日常活动和生活质量，还可能引发长期疼痛和功能障碍。因此，了解臀大肌的损伤原因、症状以及恢复方法至关重要。在面临臀大肌损伤时，患者应及时就医，遵医嘱进行科学合理的治疗，以恢复臀大肌的功能和健康。同时，保持良好的生活习惯和饮食习惯，也是预防臀大肌损伤和加速恢复的重要手段。

（四）臀大肌起止点

臀大肌位于骨盆后外侧，覆盖在臀部皮下，是人体最大的肌肉之一。其形态宽广而厚实，宛如一张巨大的盾牌，守护着骨盆和下肢的稳定。臀大肌的发达程度直接影响着人体的外观形态，一个紧实有力的臀部往往被视为健康和美丽的象征。

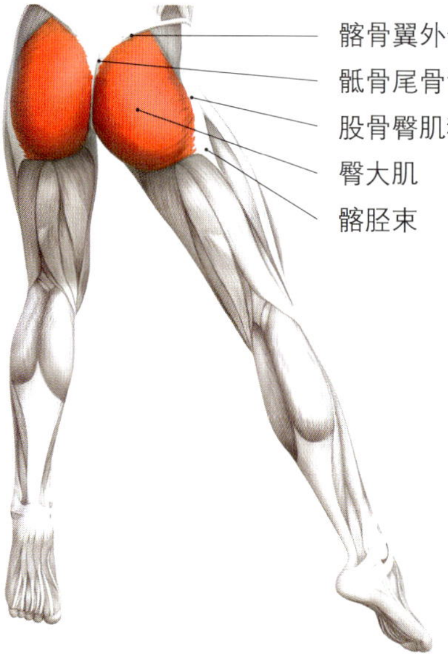

臀大肌的起止点复杂而精细，其起点位于髂骨翼外侧以及骶骨尾骨背面，这些部位为臀大肌提供了坚实的附着基础。臀大肌的止点则分为两部分：一部分止于股骨臀肌粗隆（下束），另一部分与阔筋膜张肌合并，止于髂胫束（上束）。这种独特的起止点结构使得臀大肌在人体运动中发挥着至关重要的作用。

1.起点

髂骨翼外侧： 髂骨是人体骨盆的重要组成部分，其外侧部分与臀大肌紧密相连，为肌肉提供了稳定的支撑。

骶骨尾骨背面： 骶骨和尾骨位于骨盆的后下方，它们的背面与臀大肌相连，进一步增强了肌肉的附着面积和稳定性。

2.止点

股骨臀肌粗隆： 这是臀大肌的止点之一，位于股骨上端的外侧。当臀大肌收缩时，它通过拉动股骨臀肌粗隆来伸展髋关节，从而推动人体向前行走或奔跑。

髂胫束： 髂胫束是一条坚韧的纤维带，从髂骨前上棘开始，沿大腿外侧向下延伸，最终止于胫骨外侧髁。臀大肌的上束与阔筋膜张肌合并后止于髂胫束，这使得臀大肌在稳定膝关节方面发挥着重要作用。

3.髂胫束与膝关节稳定性的关系

髂胫束作为臀大肌的止点之一，其重要性不容忽视。髂胫束连接了臀大肌与膝关节，起到了桥梁的作用。在行走、奔跑等运动中，髂胫束通过其坚韧的纤维结构，将臀大肌的力量传递到膝关节，从而增强了膝关节的稳定性。同时，髂胫束还能限制膝关节的内翻和外翻运动，进一步保护了膝关节免受损伤。

然而，当髂胫束过度紧张或受到损伤时，也可能引发一系列问题。例如，髂胫束紧张综合征是一种常见的运动损伤，表现为膝关节外侧疼痛、僵硬和肿胀。这种损伤通常是由于长期过度使用或不当运动姿势导致的髂胫束摩擦和炎症所致。因此，在锻炼臀大肌的同时，也要注意保护髂胫束，避免其受到过度损伤。

（五）臀大肌无力对膝关节的影响

许多人认为过多的跑、跳等运动会对膝关节造成伤害。然而，研究表明，膝关节损伤的根本原因往往是臀大肌无力。当臀大肌无力时，人体在行走、奔跑等运动中不得不更多地依赖于股骨周边的肌肉来发力。这种错误的发力方式不仅降低了行走效率，还增加了膝关节的压力和磨损，容易引发膝关节疼痛和损伤。

因此，加强臀大肌的锻炼对于保护膝关节至关重要。通过有针对性的力量训练，可以增强臀大肌的力量和耐力，提高其在运动中的发力效率。这不仅有助于减少膝关节的压力和磨损，还能提高身体的整体稳定性和协调性。

（六）臀大肌功能

1.髋关节伸

臀大肌起自髂骨翼外侧后部、骶骨背面、骶结节韧带，止于股骨臀肌粗隆和髂胫束。当臀大肌收缩时，可使髋关节从屈曲状态变为伸展状态。

在行走、跑步、跳跃和爬楼梯等动作中，臀大肌的伸髋功能至关重要。例如，在跑步时，当一条腿向后摆动到最大幅度后，臀大肌收缩使髋关节伸展，推动身体向前移动。

2.外旋髋关节

臀大肌的肌纤维走向和附着点决定了它具有使髋关节外旋的作用。当臀大肌收缩时，股骨会围绕髋关节向外旋转。

在一些需要改变身体方向或进行侧向移动的运动中，臀大肌的外旋功能发挥作

用。比如足球运动员在带球变向时，臀大肌收缩使髋关节外旋，帮助身体快速转向。

3.外展髋关节

虽然臀大肌的主要作用不是外展髋关节，但在某些情况下，它也能协助臀中肌和臀小肌完成髋关节的外展动作。当臀大肌上部纤维收缩时，可以产生一定的外展力量。

在进行单腿站立平衡训练时，臀大肌会与臀中肌等肌肉协同工作，帮助维持髋关节的稳定，其中也包含一定程度的外展作用，以防止身体向对侧倾斜。

4.维持身体直立姿势

臀大肌与竖脊肌等肌肉协同作用，共同维持身体的直立姿势。当人体站立时，臀大肌持续收缩，对抗重力，使髋关节保持在伸展位，防止身体前倾。

长时间站立时，臀大肌需要持续发力以保持身体的平衡和稳定。如果臀大肌力量不足，可能会导致骨盆前倾，增加腰椎

的压力，引起腰部疼痛。

5.稳定骨盆

臀大肌通过其附着点与骨盆相连，其收缩可以调整骨盆的位置和稳定性。在行走、跑步等运动过程中，臀大肌的收缩可以防止骨盆的过度晃动，保证身体的重心稳定。

在进行一些需要单腿支撑的动作，如单腿深蹲时，臀大肌会强烈收缩，稳定骨盆，防止身体向一侧倾斜或摔倒。

（七）臀大肌的训练

相扑硬拉（髋伸 + 外旋）

相扑硬拉是一种针对臀大肌和大腿后侧肌肉的高效训练动作，特别适用于希望增强髋关节伸展能力和外旋能力的人群。

动作要点：动作开始时，双脚分开宽于肩宽，脚尖外展，形成“外八字”站姿。双手紧握杠铃，握距略宽于肩，背部挺直，核心收紧。然后，通过屈髋动作缓慢下降身体，杠铃沿大腿前侧下降至接近地面，同时保持背部挺直。在下降过程中，注意股骨的外旋，这有助于激活臀大肌和大腿外侧肌肉。当杠铃下降至最低点时，通过伸髋动作将身体还原至起始位置，此时臀部应充分收紧，杠铃力线与伸髋方向一致，实现有效伸髋。整个过程中，保持身体平衡，避免腰部过度弯曲或扭曲。

注意事项：确保脚尖外展，形成“外八字”站姿，这有助于激活臀大肌和大腿

外侧肌肉，同时减少膝盖和髋关节的压力。

在下降过程中，尽量使屈髋角度大于屈膝角度，这有助于将力量更多地集中在臀大肌上，而不是大腿前侧肌肉。

在伸髋过程中，确保身体回归中立位，避免过度前倾或后仰。可以使用弹力带绑在髋骨处，以辅助保持正确的伸髋方向。

在动作过程中，始终保持对杠铃的控制，避免突然下落或猛力站起。轻轻触地或不完全触地均可，以保持动作的连贯性

相扑硬拉（侧面）

相扑硬拉（正面）

相扑硬拉（侧面）　　相扑硬拉（正面）

和稳定性。

选择合适的重量，避免过重导致髂腰肌压力过大。重量应以能够完成标准动作为准，逐渐增加重量以提高训练效果。

相扑硬拉不仅锻炼了臀大肌的伸髋功能，还通过股骨外旋激活了臀大肌的外旋功能。同时，该动作还涉及髋内收的动作成分，有助于全面锻炼臀大肌的不同区域。

臀桥（或臀推）

臀桥是一种针对臀大肌的经典训练动作，通过屈髋和伸髋动作来锻炼臀大肌的收缩和放松能力。

动作要点：动作开始时，仰卧在坐椅上，双脚平放在地面上，双膝弯曲。然后，通过臀大肌发力将臀部抬起至最高点，使身体形成一条直线。在抬起过程中，注意保持背部挺直和核心收紧。然后，缓慢下降臀部至起始位置，完成一次动作。

注意事项：在臀桥动作中，力线主要压在髂骨翼上，尤其是髂前上棘。因此，在使用大重量时可能会感到髂前上棘的疼痛。为了避免这种情况，可以逐渐增加重量并调整动作姿势。

由于臀桥动作行程短且效率有限，因此不宜作为训练计划中的第一个动作。可以先进行其他更全面的臀部训练动作，如相扑硬拉或山羊挺身等。

臀桥的应力点主要集中在臀大肌上束与下束的衔接处。因此，在动作过程中要特别注意这个区域的发力感觉。

臀桥主要锻炼了臀大肌的伸髋功能，通过反复进行屈髋和伸髋动作来增强臀大肌的收缩和放松能力。同时，该动作还有助于提高核心稳定性和平衡能力。

山羊挺身

山羊挺身是一种针对臀部和腰部肌肉的训练动作，通过调整挺身板卡的位置和股骨外旋来锻炼臀大肌和腰部肌肉。

动作要点：动作开始时，调整挺身板卡的位置至髂前下棘处，以确保充分的屈髋和伸髋动作。然后，通过臀部发力将上半身抬起至最高点，同时保持躯干在一个平面上，尤其是腰椎稳稳地保持不动。在抬起过程中，注意股骨的外旋以激活臀大肌。然后，缓慢下降上半身至起始位置，完成一次动作。

注意事项：调整挺身板卡的位置至髂前下棘处，以确保充分的屈髋和伸髋动作。同时，要注意保持躯干的稳定性，避免腰部过度弯曲或扭曲。

在动作过程中，始终保持股骨的外旋状态，这有助于激活臀大肌并减少膝盖和髋关节的压力。

在抬起和下降过程中，始终保持躯干在一个平面上，尤其是腰椎要保持稳定不动。这有助于保护腰椎并减少受伤风险。

虽然山羊挺身主要锻炼臀部和腰部肌肉，但腘绳肌也会有一定程度的参与。因此，在动作过程中要注意感受腘绳肌的发力感觉，避免过度用力导致受伤。

山羊挺身主要锻炼了臀大肌的伸髋功能以及腰部肌肉的稳定性。通过调整挺身

臀桥（侧面）

臀桥（俯视）

臀桥（侧面）

臀桥（俯视）

山羊挺身（侧面）

山羊挺身（俯视）

山羊挺身（侧面）

山羊挺身（俯视）

板卡的位置和股骨外旋状态，可以针对性地锻炼臀大肌的不同区域和腰部肌肉。同时，该动作还有助于提高核心稳定性和平衡能力。

哑铃箭步蹲

哑铃箭步蹲是一种针对臀部和腿部肌肉的训练动作，通过前后腿交替下蹲来锻炼臀大肌和股四头肌。

动作要点：动作开始时，双手各持一只哑铃自然下垂于身体两侧。然后，向前迈出一步并下蹲至前腿大腿与地面平行、后腿膝盖接近地面的位置。在下蹲过程中，保持背部挺直和核心收紧。然后，通过前腿发力将身体还原至起始位置，完成一次动作。然后换另一条腿进行同样的动作。

注意事项：标准哑铃箭步蹲的目标肌肉并不明确，但主要锻炼臀大肌和股四头肌。对于初级训练者来说，这是一个非常好的训练臀腿的动作。

通过调整前后腿的高度可以改变哑铃箭步蹲的训练重点。垫高前腿可以侧重锻炼前腿的股四头肌；垫高后腿则可以侧重锻炼后腿的臀大肌。这有助于全面锻炼臀部和腿部肌肉的不同区域。

哑铃箭步蹲主要锻炼了臀大肌的伸髋功能以及股四头肌的收缩能力。通过前后腿交替下蹲的动作模式，可以全面地锻炼臀部和腿部肌肉的不同区域。同时，该动作还有助于提高身体的协调性和平衡能力。

绳索髋伸

绳索髋伸是一种针对臀大肌的高效训练动作，通过绳索机提供的阻力来锻炼臀大肌的收缩和放松能力。

动作要点：动作开始时，将绳索机调至适当的高度并选择合适的重量。然后，将绳索握把固定在双脚之间（或单脚），双脚分开与肩同宽或稍宽。然后，通过臀部发力将身体向前推动至绳索完全伸展的位置。在推动过程中，保持背部挺直和核心收紧。然后，缓慢控制身体回到起始位置，完成一次动作。

注意事项：将绳索握把固定在双脚之间（或单脚）可以确保动作的稳定性和安全性。同时，要注意选择合适的重量以避免过度用力导致受伤。

在动作过程中始终保持背部挺直和核心收紧，这有助于保护脊柱并减少受伤风险。

在推动和回归过程中始终保持对绳索的控制避免突然用力或失去平衡。

绳索髋伸主要锻炼了臀大肌的伸髋功能以及核心稳定性。通过绳索机提供的阻力可以精确地锻炼臀大肌的不同区域并增强其核心稳定性。同时，该动作还有助于提高身体的协调性和平衡能力。对于希望增强臀部线条和塑造蜜桃臀的人群来说，绳索髋伸是一个非常好的训练选择。

以上五种训练动作各有其特点和注意事项，但都能有效地锻炼臀大肌的不同区域和功能。在选择训练动作时，可以根据自己的训练目标和身体状况来选择合适的

哑铃箭步蹲（侧面）

哑铃箭步蹲（正面）

哑铃箭步蹲（侧面）　　哑铃箭步蹲（正面）

绳索髋伸（侧）

绳索髋伸（后）

绳索髋伸（侧）　　绳索髋伸（后）

动作和重量。同时，要注意保持正确的动作姿势和全程控制以避免受伤并提高训练效果。

（八）进阶训练（一）：针对臀部下方的塑形与提拉

在健身旅程中，当我们已经熟练掌握了基础训练动作，如臀桥、罗马椅挺身和常规深蹲等，为了进一步雕琢身体线条，特别是针对臀部下方进行塑形与提拉，就需要进入更加专业的进阶训练阶段。这不仅能帮助那些希望改善臀形的健身爱好者，更对那些经历生育后臀部下垂的妈妈们，或是追求臀部线条紧致的人群，提供显著的帮助。下面，我们将详细介绍三种高效针对臀部下方的专项练习——史密斯深蹲、T 杠深蹲以及哈克机下臀训练。

史密斯深蹲

史密斯深蹲是一种在史密斯机上进行的深蹲练习，它利用机器固定的轨道来辅助动作，确保动作路径稳定，减少受伤风险，同时能够更集中地刺激目标肌肉。

动作要点：进行史密斯深蹲时，首先需要将杠铃杆调整至适合自己高度的位置。双脚站距略宽于肩，脚尖微微外展，这样有助于在深蹲过程中更好地激活臀大肌，尤其是下方区域。

下蹲时，想象自己是用臀部去“拥抱”杠铃，而不是简单地让腿弯曲。这种意识上的调整能显著增强臀大肌的参与度，减少腿部肌肉的代偿。保持躯干相对稳定，如果史密斯机的轨道是垂直的，确保身体尽量垂直地面，让臀部的发力方向与力线保持一致。若轨道带有斜度，则需在整个动作过程中调整身体角度，使臀部下方始终面向力线，确保力量传输的高效性。

下蹲的离心阶段（即下降过程），要有意识地控制外旋和外展的动作，这不仅能增加臀部肌肉的收缩感，还能有效避免腿部尤其是股四头肌的过度参与，以及膝关节的压力过大。保持骨盆处于轻微后倾的状态（微收腹，避免腰部过分塌陷），这不仅能更好地集中臀部力量，还能有效保护下背部不受伤害。

注意事项：下蹲时应控制速度，避免过快导致动作失控或利用反弹力完成动作，这不仅影响训练效果，还可能增加受伤风险。

确保膝盖方向与脚尖方向一致，避免膝关节过度内扣，这是保护膝关节的重要原则。

选择适合自己的重量，不要盲目追求大重量，以保证动作质量和训练安全为前提。

T 杠深蹲

T 杠深蹲是一种利用 T 形杠铃进行的深蹲训练，其独特的设计使得力量传输更加直接，能够更有效地刺激臀部下方。

史密斯深蹲（侧面）

史密斯深蹲（后面）

史密斯深蹲（侧面）

史密斯深蹲（后面）

动作要点：站在 T 杠的一端，确保用力方向来自身体后侧，这是刺激臀部下方的关键。抓住 T 杠另一端的握把或杠杆，下蹲时，臀部向后发力，上身不必完全垂直地面，而是要让臀部下方始终正对 T 杠的力线，确保力量直接作用于目标区域。

T 杠深蹲（侧面）

T 杠深蹲（正面）

T杠深蹲（侧面）　　T杠深蹲（正面）

在整个动作过程中，保持挺胸、背部稳定，避免含胸驼背，这不仅有助于力量的有效传输，还能减少受伤风险。由于T杠的力线并非垂直地面，而是与杆身平行，因此躯干会略微前倾，以适应杆身的角度。下蹲时，不仅要关注下沉的深度，更要时刻保持臀部主导的发力感，确保膝关节与脚尖方向一致，避免不必要的伤害。

注意事项： 初学者建议先使用小重量或空杆熟悉动作模式，待动作标准后再逐渐增加负重，避免动作变形导致受伤。

下蹲时，臀部发力为主导，避免腿部肌肉过度代偿，影响训练效果。

保持呼吸顺畅，下蹲时吸气，起身时呼气，有助于维持身体稳定，提高训练效率。

哈克机下臀训练

哈克机是一种多功能健身器械，通过调整机器轨道和座位的角度，可以针对不同肌群进行训练。

动作要点： 进行下臀训练时，首先观察机器轨道的倾斜度和滑动方向，明确阻力来源，然后调整身体角度，使臀部下方对准阻力线。这种“垂直对抗”的关系能够更有效地调动臀部发力，特别是臀大肌下方区域。

当脚跟或脚掌与踏板接触时，根据机器设计和个人舒适度，适当调整脚宽和脚尖方向，确保下蹲时臀部有良好的伸展和发力空间。保持骨盆稳定，避免塌腰或过度前倾，让臀部真正成为发力中心。

注意事项： 哈克机训练时，由于压力较为集中，务必量力而行，避免超负荷训练导致受伤。

保持动作流畅，避免突然加速或减速，以免影响训练效果和增加受伤风险。

哈克机下臀训练（侧面）

哈克机下臀训练（后面）

哈克机下臀训练（侧面）　　哈克机下臀训练（后面）

为了更全面地解决臀部下垂问题，除了加强臀大肌下方训练外，还应关注大腿后侧肌群（腘绳肌）的力量发展，尤其是其在髋关节附近的部分。这部分内容将在未来的腿部训练章节中做更详细说明。

通过上述三种进阶训练动作的介绍，我们不难发现，针对臀部下方的塑形与提拉，关键在于精准的动作控制、合理的重量选择以及持续的练习。每个人的身体条件不同，因此在训练过程中，应根据自身情况灵活调整训练计划，确保安全有效地达成目标。同时，保持良好的饮食习惯，为肌肉恢复提供充足的营养，也是实现臀部塑形不可或缺的一环。让我们在健身的道路上，不断挑战自我，收获更加紧致、饱满的臀部线条。

（九）进阶训练（二）：让臀形更饱满——臀部上方塑形

在健身的征途中，当我们已经完成了对臀部下方的强化训练，接下来的目标便是进一步雕琢臀部上方，以期达到饱满、圆润、如蝴蝶展翅般的理想臀形。然而，相较于臀部下方，臀大肌上部的塑造往往更为棘手。这不仅因为其外展功能在多数动作中容易被臀中肌“抢镜”，更在于其独特的解剖结构使得刺激变得不那么直接。因此，为了有效激活臀大肌上方，我们需要在动作设计和用力方向上做出精心调整，确保每一次练习都能精准地“击中”目标。

相扑硬拉（骨盆前倾）

相扑硬拉，这一源自传统硬拉但又有所创新的动作，以其独特的站姿和发力模式，成为了塑造臀大肌上方的得力助手。

动作要点： 双脚宽距站立，脚尖向外打开，这样的站姿不仅能够有效拉开大腿内侧肌肉，为臀部创造更大的活动空间，还能在动作过程中更多地激活臀大肌而非腿部肌肉。

与传统硬拉不同的是，我们在相扑硬拉中加入了骨盆前倾的体态调整。这一调整的关键在于，它让臀部在整个硬拉过程中都能保持更有效的负重刺激，而非仅仅在髋伸到位后“戛然而止”。在拉起杠铃的过程中，我们需要注意避免过度依赖下背部发力，而是要让臀部和腿部协同工作，共同承担重量。当动作达到锁定点时，骨盆依旧保持轻微的前倾状态，这样不仅能够维持对臀部的持续张力，还能有效减少腰椎的压力。

注意事项： 骨盆前倾的幅度需适中，不宜过于夸张，以免给腰椎带来不必要的压力。保持在一个舒适且能够有效激活臀部的范围内即可。

在进行大重量训练时，务必确保腰背的安全和稳定。若感觉无法维持正确的姿势，应立即减轻重量或改为其他动作，以避免受伤。

下放杠铃时同样需要保持控制，避免借由惯性快速下落，这样不仅能够确保动作的质量，还能减少受伤的风险。

山羊挺身板上臀训练

山羊挺身板，这一健身房中常见的器械，以其固定的支撑点和倾斜角度，成为了强化后链肌群的理想选择。

动作要点： 在进行上臀训练时，我们需要对山羊挺身板的高度进行精细调整，使板沿恰好卡在髂前上棘附近的位置，也就是骨盆前方凸出的骨头处。这样的调整能够稳定骨盆，让我们能够更加专注于髋关节的伸展，从而更有效地激活臀大肌上方。

在练习过程中，保持骨盆前倾的状态至关重要，这有助于减少腿后侧（腘绳肌）的过度参与，确保臀大肌成为主要的发力肌肉。同时，双腿微微外展外旋，这样的调整能够进一步帮助我们更好地感受到臀大肌上部的收缩。上半身从髂前上棘以上尽量保持一个整体平面，随着伸髋的进行，用臀部发力将躯干拉起到与下肢呈一条斜线或略高的位置，这样不仅能够确保动作的幅度，还能最大限度地激活臀大肌。

注意事项： 初学者在进行山羊挺身板上臀训练时，可以从徒手训练开始，先找准臀部发力的感觉，再逐渐增加重量，避免因动作不熟悉而导致的受伤。

相扑硬拉（骨盆前倾）（侧面）

相扑硬拉（骨盆前倾）（正面）

相扑硬拉（骨盆前倾）（侧面）　　相扑硬拉（骨盆前倾）（正面）

山羊挺身板上臀训练（侧面）

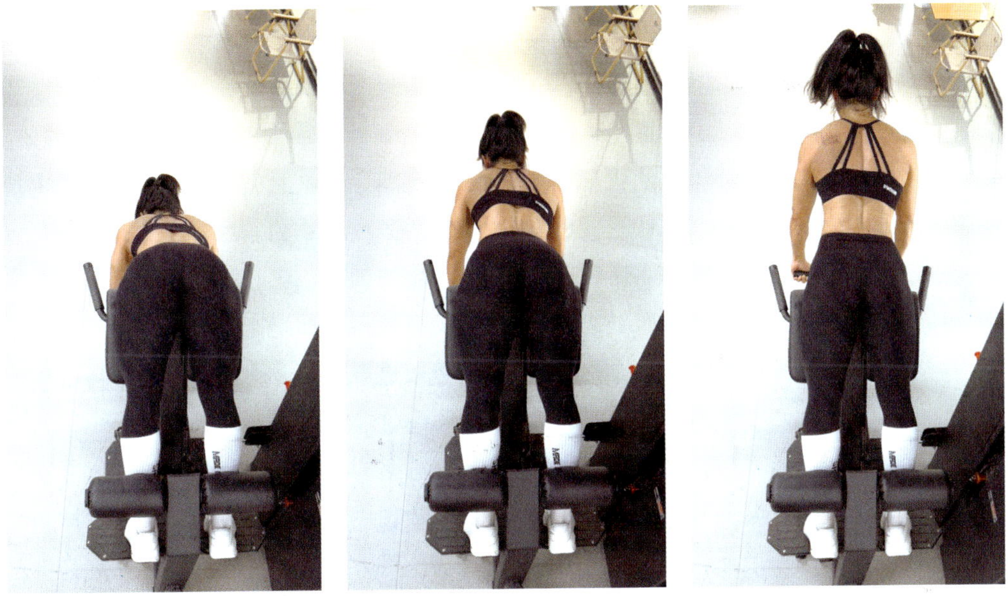

山羊挺身板上臀训练（俯视）

山羊挺身板上臀训练（侧面）

山羊挺身板上臀训练（俯视）

动作幅度需适中，避免过度“后仰”造成腰椎压力。保持背部平稳、颈椎中立，不要耸肩或极度仰头，以确保动作的安全性和有效性。

如果在练习过程中感觉腘绳肌或下背部过度酸紧，可能是骨盆前倾角度不够或动作控制不足所致。此时，应及时调整骨盆姿态或减轻重量，以确保目标肌肉的准确激活。

（十）结语与小贴士

1. 分阶段练习，更好塑形

在塑造臀形的道路上，我们应遵循循序渐进的原则。先从基础的臀部训练入手，学会正确发力和保护关节，再逐步进阶到更有针对性的动作。臀部下方的强化训练能够显著改善臀部“下垂”与缺乏挺翘度的问题；而臀部上方的强化则能让臀形更加立体、饱满。通过分阶段、有针对性的练习，我们可以逐步塑造出理想的臀形。

2. 骨盆姿态与力线是关键

在塑造臀形的过程中，骨盆姿态与力线的调整至关重要。大多数训练差异并不仅仅体现在动作的外形上，更在于“力从哪里来、肌肉怎么接”。因此，我们需要根据动作需求对骨盆进行“后倾”或“前倾”的合理调整，以确保阻力能够更精准地施加在目标区域。同时，我们还需要观察或感受训练器械的轨道或杠铃方向，始终让“目标肌肉”与“负重力线”处在对抗关系中，以达到最佳的训练效果。

3. 适度训练

无论是初学者还是进阶者，在塑造臀形的过程中都应遵循适度训练的原则。避免一次性堆砌过重负重或过多训练量，以免给身体带来不必要的负担。训练后注意进行适当的拉伸和放松，如泡沫轴滚压、静态拉伸等，有助于减少疲劳、预防损伤。通过科学合理的训练安排和恢复措施，我们可以更好地促进肌肉生长和形态改善。

4. 综合考虑整体下肢训练

如果想要塑造出完美的臀形，下肢和核心力量的全面提升同样重要。腘绳肌、股四头肌、内收肌群等都在臀部动作中扮演着协同或制动的角色。因此，我们可以结合腿部训练、核心强化等练习，将身体全面打造得更加均衡。通过综合训练，我们可以进一步提升臀部线条的流畅度和整体美感。

总之，塑造饱满、圆润的臀形需要我们在动作设计、用力方向、训练安排和恢复措施等方面做出精心调整。只有坚持正确的方法和渐进训练的原则，我们才能逐渐看到臀形的提升与线条的变化。祝愿每一位健身爱好者都能成功塑造出更健康、更挺翘的臀部。

第五章

臀中肌、臀小肌训练

女性从蜜桃臀进阶至蝴蝶臀的过程，实质上是从臀部整体形态的优化向更加精致、立体的臀部线条转变的过程。在这一过程中，加强臀中肌和臀小肌的训练显得尤为重要。

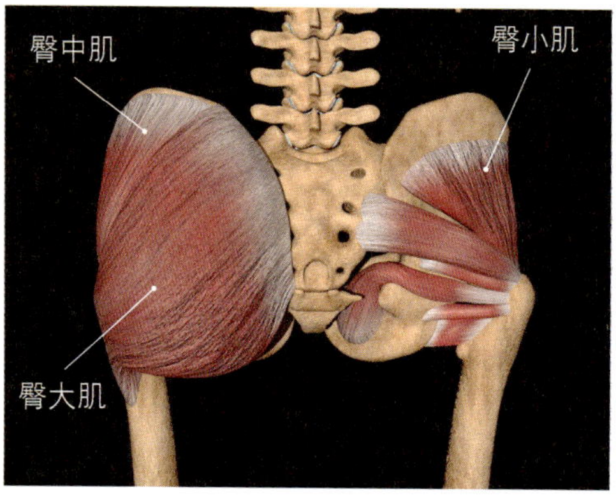

（一）臀中肌、臀小肌在运动中的作用

臀中肌与臀小肌均位于臀部深层，紧邻臀大肌。臀中肌上半瓣位于臀大肌上方，下半瓣则被臀大肌所遮盖；臀小肌则部分位于臀中肌前侧，后半瓣同样被臀中肌所覆盖。这种特殊的解剖位置使得臀中肌与臀小肌在人体运动中发挥着协同作用，共同维护髋关节的稳定性和灵活性。

在步行、跑步的单腿支撑期，臀中肌与臀小肌共同收缩，防止骨盆向对侧倾斜，出现“鸭子步”或“销魂步”即为臀中肌无力的表现。臀中肌与臀小肌稳定骨盆还可减少髋关节撞击、软骨磨损及腰背部代偿性疼痛。站立时，臀小肌通过悬挂作用防止肢体坠落，两侧肌肉协同维持骨盆水平，避免脊柱侧弯。

（二）臀中肌、臀小肌力量训练的重要性

臀中肌和臀小肌位于臀大肌的深层，虽然不如臀大肌那样显眼，但它们对于塑造臀部线条起着至关重要的作用。加强这两块肌肉的训练，不仅能够使臀部看起来更加饱满、紧致，还能够有效改善臀部两侧的凹陷问题，让臀部线条更加流畅、优美。

为了实现从蜜桃臀到蝴蝶臀的进阶，女性朋友们需要在臀部训练计划中增加针对臀中肌和臀小肌的练习。

（三）臀中肌、臀小肌的损伤与恢复

1. 急性损伤

运动损伤：过度跑步、跳跃、踢球或投掷动作中，臀中肌和臀小肌可能因暴力牵拉或撞击导致拉伤、扭伤或血肿。例如，足内翻扭伤时，同侧髋部可能因惯性侧方扭摆，导致肌肉牵拉伤。

外力撞击：摔倒、碰撞等直接外力作用于臀部，可能造成肌肉挫伤或血肿，严重者可能压迫神经和血管。

2. 慢性劳损

长期姿势不良：久坐、久站或长期保持不正确姿势（如跷二郎腿），使肌肉持续紧张，导致劳损。这种劳损可能引发肌

肉痉挛、无菌性炎症及瘢痕粘连。

反复过度使用：长期行走、下蹲、弯腰或重体力劳动，可能超出肌肉负荷，导致慢性损伤。例如，投掷类运动员因反复以髋部为轴心扭转，易发臀中肌积累性损伤。

3. 神经受损

臀中肌周围的神经（如臀上神经）受压或损伤，可能影响肌肉功能，导致肌肉无力或疼痛。

臀中肌和臀小肌损伤急性期应立即冰敷以减轻疼痛肿胀，并充分休息避免加重损伤；慢性期则通过热敷、按摩、针灸等物理治疗促进血液循环，配合非甾体抗炎药缓解炎症，同时进行针对性的康复训练，如桥式运动增强肌肉力量，侧弓步拉伸改善柔韧性；日常生活中需纠正久坐久站等不良姿势，保持正确体态，适度运动并充分热身拉伸；对于严重病例，可考虑针刀治疗松解粘连或手术修复。通过科学系统的康复计划与主动预防，可有效促进肌肉恢复并降低复发风险。

（四）臀中肌、臀小肌起止点

1.臀中肌

起于髂骨翼的臀前线与臀后线之间，这一广泛的起点使得臀中肌具有强大的收缩能力。其止点位于股骨大转子，这一连接点使得臀中肌能够直接作用于髋关节，进行外展、内旋或伸髋等动作。

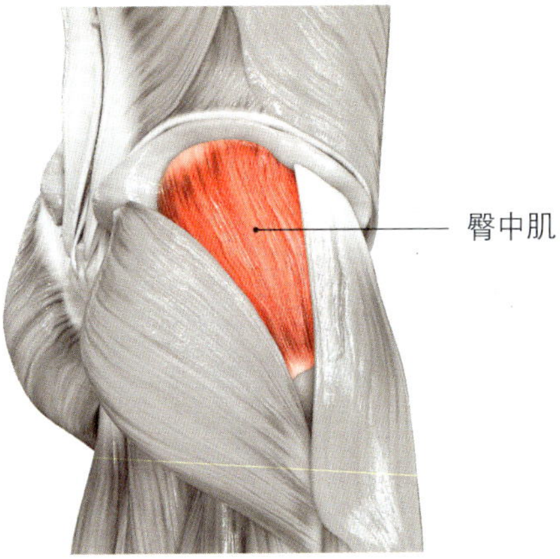

2.臀小肌

起于髂骨翼的臀下线与臀前线之间，其止点也位于股骨大转子。臀小肌的起止点结构使其能够协同臀中肌完成髋关节的外展、内旋或伸髋等动作。

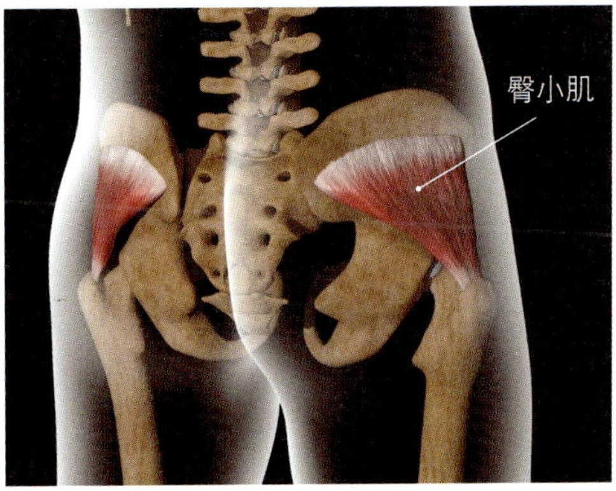

（五）臀中肌和臀小肌功能

臀中肌和臀小肌在人体中发挥着至关重要的作用，它们不仅参与髋关节的运动，还负责稳定骨盆、保护与支撑周围组织。

1.臀中肌的功能

大腿外展：臀中肌与髂胫束共同作用，使大腿（股骨）外展。有力的臀中肌可以减少髂胫束的发力，避免髂胫束过紧导致的一系列问题，如半月板损伤、髌骨软化、功能性平足等。

股骨外旋：臀中肌的另一个作用是使股骨（大腿骨）外旋，这对膝关节有直接的影响。股骨的相对外旋意味着髌骨的相对内移，能够防治髌骨外移导致的髌骨软化，也可以进一步带动膝关节向外打开，影响和矫正扁平足。

稳定骨盆和髋关节：臀中肌可以稳定骨盆，保持步态正常，降低不稳定带来的软骨磨损、软组织损伤等风险。同时，它还能通过稳定髋关节来避免和减少髋关节弹响、髋关节撞击等风险。

矫正力线：臀中肌直接影响下肢力线。臀中肌无力会导致膝盖内扣、足弓下塌，形成 X 型腿。强化臀中肌可以帮助矫正这种不良的力线，改善步态和姿势。

2.臀小肌的功能

精确运动髋关节：臀小肌参与髋关节的外展、外旋和内旋运动，其独特的止点结构，增强了这些运动的精确性和效率。这使得臀小肌在人体进行复杂或高强度运动时起到关键作用。

稳定骨盆：在站立或行走时，臀小肌通过其收缩力量，有效地稳定骨盆，防止其朝对侧倾斜。这种稳定性是维持身体姿势和平衡的基础，尤其在单侧承重活动时更为显著。

支持与保护关节：当肢体下垂或处于非承重状态时，臀小肌作为悬挂肌，能够减轻关节囊的拉伸应力，防止肢体因重力而过度坠落，从而保护髋关节免受损伤。同时，在两侧下肢站立时，臀小肌还能通过其紧张性收缩，增强髋关节的稳定性，防止股骨头从髋臼中脱出。

（六）臀中肌、臀小肌的训练

臀中肌与臀小肌作为臀部深层肌肉的重要组成部分，在人体运动中发挥着至关重要的作用。它们不仅影响着髋关节的稳定性和灵活性，还直接关联到身体的姿势、平衡和整体运动表现。为了有效地训练臀中肌与臀小肌，我们需要设计合理的训练动作，确保这些肌肉在运动中能够得到充分的刺激和锻炼。

在训练臀中肌与臀小肌时，我们需要明确这些肌肉的主要功能和次要功能，并根据这些功能设计相应的训练动作。以髋外展作为动态收缩，可以有效地锻炼臀中肌与臀小肌的外展功能；而以屈髋和股骨内旋（内“八”）作为静态收缩，则可以进一步刺激这些肌肉的次要功能，从而实现全面的训练效果。

静态屈髋

动作要点：站立姿势，双脚呈内八字站立，与肩同宽或稍宽。

屈髋，使身体前倾，保持背部挺直，避免弯腰驼背。

脚踝上绑上弹力带或沙袋，增加阻力，进一步刺激臀中肌与臀小肌。

保持静态收缩状态，感受臀中肌与臀小肌的紧张感。

注意事项：保持呼吸顺畅，避免憋气。

注意控制动作幅度和速度，避免过度用力导致受伤。

初学者可以先从较轻的阻力开始，逐渐增加难度。

静态屈髋（侧面）

静态屈髋（正面）

静态屈髋（侧面）　　静态屈髋（正面）

杠铃外展

动作要点：站立姿势，双脚呈内八字站立，与肩同宽。

将杠铃置于肩上，双手握住杠铃杆，保持身体平衡。

屈髋，使身体前倾，同时保持背部挺直。

通过增加杠铃的重量，进一步刺激臀中肌与臀小肌的屈髋功能。

注意事项：由于肩上顶着杠铃，需要特别注意保持身体平衡，避免摔倒。

初学者可以先从较轻的重量开始，逐渐增加重量。

注意控制动作幅度和速度，避免过度用力导致受伤。

杠铃外展（侧面）

杠铃外展（正面）

杠铃外展（侧面）　　杠铃外展（正面）

哈克机外展

动作要点：站在哈克机上，调整高度和角度，使双脚能够舒适地踩在踏板上。

将杠铃置于肩上，双手握住抓手，保持身体平衡。

可以脚踝上绑上弹力带或沙袋，增加阻力。

屈髋，使身体前倾，同时保持背部挺直。

在屈髋的基础上，进行股骨内旋和髋外展的动作，感受臀中肌与臀小肌的紧张感。

注意事项：由于哈克机提供了稳定的支撑，可以更安全地进行大重量的训练。

注意控制动作幅度和速度，避免过度用力导致受伤。

初学者可以先从较轻的重量和阻力开始，逐渐增加难度。

哈克机外展（侧面）

哈克机外展（后面）

哈克机外展（侧面）　　哈克机外展（后面）

器械外展训练

器械外展训练可以使用专门的臀部训练器械，如臀部外展机。

动作要点：双脚呈内八字踩在踏板上，与肩同宽或稍宽。

身体保持屈髋、微站姿势，双手扶住器械的扶手以保持平衡。

进行髋外展的动作，感受臀中肌与臀小肌的紧张感。

注意事项：在进行器械外展训练时，需要特别注意保持身体平衡和稳定。

控制动作幅度和速度，避免过度用力

器械外展训练（45° 角）

器械外展训练（侧面）

器械外展训练（俯视）

器械外展训练（45° 角）　　器械外展训练（侧面）　　器械外展训练（俯视）

导致受伤。

根据个人情况选择合适的重量和阻力，逐渐增加难度。

（七）训练建议与实践

1. 制定个性化的训练计划

每个人的身体状况和运动需求都是不同的。因此，在制定臀中肌与臀小肌的训练计划时，我们需要考虑个人的身体状况、运动目标和时间安排等因素。通过制定个性化的训练计划，我们可以更好地满足个人的训练需求，提高训练效果。

2. 结合其他训练手段

为了全面提升臀中肌与臀小肌的力量和灵活性，我们可以结合其他训练手段进行训练。例如，我们可以将力量训练与有氧运动相结合，以提高心肺功能和耐力；我们还可以将功能性训练与核心稳定性训练相结合，以提高身体的整体协调性和稳定性。这些训练手段的结合将有助于全面提升臀中肌与臀小肌的综合素质。

3. 合理安排训练频率和休息时间

合理的训练频率和休息时间对于提高训练效果至关重要。过于频繁的训练可能会导致肌肉疲劳和受伤的风险增加；而过长的休息时间则可能导致训练效果的下降。因此，我们需要根据个人的身体状况和运动目标来合理安排训练频率和休息时间。一般来说，每周进行 1–2 次的臀中肌与臀小肌训练是比较合适的。

4. 监测训练进展和调整训练计划

在训练过程中，我们需要定期监测训练进展并根据实际情况调整训练计划。通过记录每次训练的重量、组数、次数等数据，我们可以了解自己在哪些方面取得了进步，哪些方面还需要加强。同时，根据个人的身体状况和运动目标的变化，我们也需要适时调整训练计划，以确保训练效果的最大化。

臀中肌与臀小肌的协同训练对于提高髋关节的稳定性和灵活性、增强身体的平衡能力和运动表现具有重要意义。通过设计合理的训练动作和制定个性化的训练计划，我们可以有效地锻炼这些肌肉，提高它们的综合素质和协同工作能力。未来，随着对人体肌肉系统研究的不断深入和训练技术的不断创新，我们相信臀中肌与臀小肌的训练将会更加科学和高效。同时，我们也期待更多的研究能够揭示臀中肌与臀小肌在人体动力学中的奥秘和作用机制，为人体健康和运动表现的提升提供更多的科学依据和实践指导。